Johannes Utsch

So grün war mein Tal
Geschichten und Gedichte

Johannes Utsch

So grün war mein Tal

Geschichten und Gedichte

Rediroma-Verlag

Bibliografische Information der Deutschen Nationalbibliothek:
Die Deutsche Nationalbibliothek verzeichnet diese Publikation in der Deutschen Nationalbibliografie; detaillierte bibliografische Daten sind im Internet über http://portal.dnb.de abrufbar.

ISBN 978-3-98885-069-0

www.rediroma-verlag.de
16,95 Euro (D)

Inhalt

Zur Einführung

Warum schreiben Menschen? Nun ja, in erster Linie sind dies Menschen mit dem Bedürfnis, etwas, was sich in ihrem Lebensumfeld ereignet hat und dabei den Charakter des Gewöhnlichen übersteigt, festzuhalten, zunächst aber nur für sich selbst. Der Schreibende unterstützt sein Gedächtnis bei der Wiedergabe der Wirklichkeit, also aus dem Bedürfnis heraus, etwas soeben Geschehenes für sich und das eigene Gedächtnis zu archivieren.

Zum Zweiten soll es schön sein und gut lesbar, so dass das Stöbern in abgespeicherten, für sich wieder aufgreifbaren Erinnerungen „schön", ohne Schwierigkeiten und nachvollziehbar erfolgen kann.

Drittens nennt das Schreiben auch etwas Suchtvolles sein Eigen. Das Protokollieren der Wirklichkeit, das primär außerplanmäßige und spontan erfolgende, gehorcht einem inneren Regelwerk, das bei der weiteren Beschäftigung mit dem Thema beachtet werden will, nein muss. Die Kraft, etwas Neues zu gestalten, vermittelt auch die Kraft, dies weiterhin zu tun. Man könnte fortfahren mit dieser Liste, und irgendwann hat man dann die erste Überlegung schon fast wieder vergessen.

Zum Glück habe ich dafür aber die Reime! Aufgrund ihrer Machart wird man die Gedanken an sie nicht einfach los, und Erlösung schafft erst der erste Reim. Oft aber hat man vor seinem inneren Auge schon den gesamten gereimten ersten Vers vor sich, der dann nach Bedarf um einen, zwei oder drei weitere Verse ergänzt werden kann.

Aber da wollte ich gar nicht hin. Dichten ist immer ein Disput mit sich selbst und mit der Wirklichkeit. Irgendwann ist dann die Mauer durch derartige Elaborate so groß und hoch geworden, und man selbst verändert sich auch dabei, so dass man je nach Fleiß schon bald hinter und über die Mauer zu schauen begehrt: „So grün war mein Tal“!

Weil nun diese Erfahrung der Einkesselung durch eigene Werke so groß ist, trifft man allenthalben Dichter, die herauswollen aus dem Ghetto der Worte und dies sprachlich ausdrücken wollen. Der britische Autor Richard Llewellyn hat seinen im 19. Jhdt. um ca. 1841 spielenden Roman „So green was my valley“ genannt, eine zu Herzen gehende, ehrliche Betrachtung des Schicksals einer walisischen Familie in ihrer Auseinandersetzung mit dem um sich fressenden Bergbau, der die Täler hinabkommt und Verwüstungen schafft (1989). Die schöne Erzählung ist längst ausgeschlachtet und vergessen, die Geschichte des Tales indessen nicht. Kann man dann bei gleicher Problemstellung und Konstellation 170 Jahre danach denselben Ruf nicht wieder erschallen lassen: „So grün war mein Tal“! Ich denke schon! Und wer kann schon aus Soest fortgehen und hat dazu gar nichts gesagt?

Das vorliegende Büchlein beinhaltet Lyrik, bunt vermischt mit Prosa. Vielleicht wird der eine oder andere mir Konzeptlosigkeit vorwerfen. Lesen Sie ruhig immer weiter, der Korb mit den abgeernteten Früchten wird immer bunter, so wie ich es hier in Soest erlebt habe. Einige der Artikel fanden bereits als Beiträge im Senioren-Magazin „Füllhorn“ oder als Leserbrief oder als „Wort zum Sonntag“ im „Soester Anzeiger“ Verwendung. Das indes ist keinesfalls ein Nachteil, vielmehr bereitet die Lektüre zum zweiten Mal oder auch in einen größeren Zusammenhang gestellt Vergnügen. Das wünsche ich Ihnen nun von Herzen. Und für das, was nicht so gelungen erscheint, entschuldige ich mich – zutiefst! Eine zweite Auflage wird es nicht geben!

So grün war mein Tal

Schaut, so sieht das Morgenland aus,
und hier wurde ich tatsächlich geboren.
Üppig und grün, ich war glücklich zu Haus,
manchmal jedoch geht alles verloren.

Herrliche Kindheit – wo seid ihr geblieben,
Eltern, Familie und Freunde zuhauf!
Wer hat sie alle auseinandergetrieben,
wer verlegte dem Bach seinen Lauf?

Wer könnte es böse mit uns meinen,
oder will mir einer nur etwas sagen?
Muss ich es lernen, ein Mann zu werden,
muss ich lernen, auch Lasten zu tragen?

Wie dem auch sei, das Paradies ist verloren,
ich schaue noch einmal zurück in mein Tal.
Dürft' ich mich heute ganz neu entscheiden -
grünt' das Tal auch für mich noch einmal?

Soest, Urbs in Rure – die ländliche Stadt

Ich hatte diese Stadt für mich gewählt,
was wusst‘ ich schon als junger Mann von ihr?
Vom grünen Stein, von Kirchen wurd‘ erzählt -
der Arbeit wegen kam ich doch nach hier.

Indes, das spürt‘ ich schon im ersten Mai,
der Farben-Blüten-Rausch der schönsten Art,
dass diese Stadt etwas Besond`res sei,
und gern dem Staunenden sich offenbart.

Ich ließ mich ein auf sie, die schöne Stadt,
die Linden blühten wieder auf den Wällen,
umgrenzt davon, die Vielfalt, die sie hat,
lud ein, zu ihr sich zu gesellen.

Die Stadt mit ihren grünen Sandsteinmauern,
mit ihren Kirchen, wunderbar und groß,
den alten Häusern, die in Gassen kauern,
ließ Künstler und auch Maler nicht mehr los.

Kein Schloss, das thronte über ihren Mauern,
nur Kirchentürme, schon von fern zu sehen.
Der Wall ließ Bürgerfreiheit überdauern,
und stolzes Ackerbürgertum entstehen.

Die Fruchtbarkeit der Felder und der Gärten,
die Güter und der Fernhandel zugleich
das Ansehen von Stadt und Bürgern mehrten,
der Hellweg und die Hanse machten reich.

Jahrhunderte, Ereignisse, Ideen,
sie sind gekommen und wieder vergangen,
nur einiges, wie Luthers Lehre, blieb bestehen,
zu noch mehr Größe konnt` Soest nicht gelangen.

Und somit blieb die Stadt das, was sie war,
ein Städtchen, „urbs in rure“, immer noch,
und ist vorbei die Kirmes, fort der Gäste Schar,
den Charme des Ländlichen, den spürt man doch!

Auch ich bin hiergeblieben, wollt‘ ich dies?
Zur Arbeit kam ich, und ich fand das Leben.
Sah viele Städte, manches Paradies,
ein zweites Soest, jedoch, wird es nie geben!

Von Süden kommend seh‘ ich von der Haar
die Ebene Westfalens - breit und platt.
Und stets aufs Neue ist es wunderbar,
wie du dort unten liegst, Soest, meine Stadt!

2000 Jahre zu spät?

„Mr. King, Mr. Singh, Mr. Bwana?“ Der Zollbeamte prüfte und verglich die Pässe der drei Herren mit seinen Monitordaten. „Im Visumantrag steht: österlicher Besuch in Jerusalem auf den Spuren des Königs der Juden. Sind Sie Theologen oder Pilger?“

Mr. Singh erläuterte: „Nein, keine NGO, auch kein Filmteam! Wir befassen uns als internationales Team mit Zeitfragen, ein Schwerpunkt ist die Nahost-Krise, auch mit Blick auf die Religionsgeschichte. Auch für Nichtchristen ist Jesus ein einzigartiges Phänomen, sein Leben, seine Gedanken zu Gerechtigkeit und Versöhnung, die ethischen Voraussetzungen für das Zusammenleben auf dieser Welt. Heute steht diese am Abgrund, seine Mission, die Überwindung von Hass, Leid und Tod, scheint dringlicher denn je.“

„Dies ist kein Land der Appelle, es zählen knallharte Realpolitik und die Macht der Religionen. Vorgänger von Ihnen waren früher schon mal in Bethlehem, Sie kommen 2000 Jahre zu spät! Kein Bedarf an Gold, Weihrauch und Myrrhe!“

„Keep it in our mind!“ Der Afrikaner Mr. Bwana sprühte förmlich. „Vielleicht ist hier alles so kompliziert, weil jeder statt nach Lösungen stets nach der Wahrheit sucht. Was aber kann uns die Mentalität der Menschen hier im Orient lehren? Man feilscht, handelt, wird sich einig, ein Handschlag – und das Leben geht weiter trotz Verschiedenheit, so war es immer, egal, was einer glaubt!“

„Glauben tut man viel hier. Wollen Sie die Welt retten?“ Der Beamte grinste.

Wieder gab Mr. Singh die Antwort. „Kein Mensch kann das. Ich bin Hindu und besten Willens. Alles gute Wollen, alle Weisheit muss auch zu den dunklen Wurzeln der Konflikte gelangen, wo sich die Bosheit des Herzens und die Reinheit der Gedanken berühren, wo unser Garten Eden an das Lager, an das Ghetto grenzt. Wir glauben, dass nur hier etwas zu suchen und vielleicht zu finden ist, was sich bewähren kann. Besucher sind wir und doch Suchende. Unser Besuch gilt dieser Stadt und ihren Menschen. Ebenso wie Bethlehem bei Christi Geburt, ist dies wieder ein Ort, wo keiner die Zukunft erwartet. Geburten sind schmerzhaft, aber auf Karfreitag folgt Ostern. Überzeugt von der Chancenvielfalt jedes Augenblickes wollen wir, ein Buddhist, ein Hindu und ein Muslim, gemeinsam mit Christen, Muslimen und Juden diese Tage hier verbringen."

Der Beamte drängte etwas. „Aha, Sie suchen! Ihre Adresse – King David Hotel?"

„No, Hostel Three Plants!", lispelte Mr. King.

Klack, klack, klack – er stempelte die Pässe. „Guten Aufenthalt den Herren Königen, Schalom!"

Später fand er den Zettel auf dem Boden: „Gold steht für das Gute, was zu tun ist, Weihrauch sind wir, unser Wirken, Myrrhe ist die Kraft des Gelingens. Es gibt nichts Gutes, außer man tut es!"

Nein, 2000 Jahre zu spät gibt es nicht!

Abend im Juli

Wenn von unten Abendschatten steigen,
Reckt sich hoch ins Licht empor
Unseres Nachbarhauses ziegelroter First,
Bäume rascheln dunkel nur verhalten,
Was der Abendwind zu sagen hätte,
aber hoch am blassen blauen Himmel
zieh´n des Tages letzte Wolkenfelder,
grau und weiß und hell zerzupfte Wolken
fast schon heimatlos und tagesfern
als ein Gruß an gestern rasch vorbei.

Abschied vom Sommer 2018

Wie könnte dieser Sommer anders gehen,
als noch ein letztes Mal zu strahlen,
wofür besaß er dieses Übermaß an Kraft?
Dies lässt er uns zum Abschied spüren,
als einen Glanz und Wärme, eingebunden
ins weiche Licht des herbstlichen Beginns.

Noch einmal scheint uns eine Sommersonne
und wärmt dem Herbst das trockene Geäst,
das noch belaubt mit hitzewelken Blättern.
Noch einmal Tage voller Sommerwärme,
trotz früher Abenddämmerung und Schatten,
gefolgt nochmals von echten Sommernächten.

Doch dafür galt es, einen Preis zu zahlen,
vom Maß des Üblichen gelöst verbrannte
ein heißer, langer Sommer unser Land.
Die Krume wurde Staub und Frucht verdorrte,
und mancher Quell und mancher Bach versiegte –
die Sonne war ein regenloser Gott.

September – Aufbruchszeit und Zeit der Reife.
So wie das Leben tut sich auch der Sommer
nicht leicht damit zu gehen trotz Ermattung.
Der Herbst, er wird dem Land willkommen sein,
das willig sich den rauen Winden fügt
und sehnlichst lechzt nach regenschweren Wolken.

Der Abschiednehmer

Ich bin ein Chroniker.
Und chronisch ist mein stetes Abschiednehmen.
Die Anzeigen, vom Tode kündend,
wie ich sie liebe in ihrer noblen Diktion,
in einer Sprache von Stil und von Würde.
Und wie ich auch das Kondolieren mag,
mit Wortwahl, Sätzen, die im Nichts verlaufen,
grau-grün und manchmal etwas golden
und Sätzen, die zum Abschied leise trauern,
es geigt die Violine hymnisch Moll-Sonaten
und traurige Musik zum allerletzten Gang,
dem letzten und damit allerwichtigsten,
dem einzigen, unwiederholbaren.

Ich stehe frierend hier, des Grabes Kälte
verlangt hier auszuhalten, doch danach,
wenn alle hier versammelt sind, gibt es
im Gasthof hinterm Friedhof Canapee
und Wein und Schnaps dazu und „Wohlsein“
und fertige Geschichten … . Ja, dafür bin ich
ein Spezialist, für halb gefüllte Gläser,
die keiner leert!

Adieu, mon amour – Ende einer Ära

Von wegen nur Männer – in einer Kneipe sah ich dich am Stehtisch nebenan, allein, weiblich, du trankst den Rauch – das Bild vom Rauchen schlechthin. Wie populär bist du gewesen! In unzähligen Club- und Besprechungszimmern tauchtest du auf, in Studentenbuden, oft bis spät in die Nacht, hast die Aschenbecher überquellen, die Augen rot werden, Papierstapel anwachsen lassen. Dein blauer Dunst war und ist für unzählige Menschen Lebenswirklichkeit, Illusion und Elixier zugleich.

Die Öffentlichkeit war deine Welt, du signalisiertest Lifestyle, Erfolg und auch Glamour, bei den wichtigsten Entscheidungen warst du dabei. Auf dem Weg zum Erwachsenwerden gehörte der Flirt mit dir dazu. Harte Kerle zückten auch in dramatischen Situationen das Feuerzeug und zeigten kühle Gelassenheit. Du warst Teil der Bilder von Freiheit und Weite: Easy Rider mit der Harley auf dem Highway oder der Cowboy auf seinem Ritt in den Sonnenuntergang – lässig mit Zigarette im Marlborough-Land.

Mittelamerika hat der Welt den Tabak geschenkt und damit auch die Sucht nach dir. Die Weltgeschichte wäre anders verlaufen ohne dich. Soldaten wurde dein Stoff zugeteilt, Herren und Sklaven haben dir gefrönt. Unzählige Geister hast du bei ihren Entdeckungen und Erfindungen begleitet. Du kokettiertest mit Malern und Künstlern, du bliesest den Musikern den blauen Dunst ins Hirn und machtest sie kreativ, kein Drehtag eines Filmes ohne deine Präsenz am Set. Du hast ungezählte Streitgespräche und Diskussionen beflügelt, du warst der Esprit in den Kaffeehäusern der Metropolen. Bis heute gehören Zigarren, deine edelsten Produkte, zum gehobenen Lebensstil. Du gabst manchem schreibenden Literaten in einsamen Nächten neben Kaffee und Alkohol Ausdauer und Inspiration, hast dir Nobelpreise mit erarbeitet. Aber auch dafür warst du dir nicht zu schade: Todgeweihte hast du zum Schafott begleitet und hast ihnen des Lebens letzte Gunst gewährt, ein paar letzte gierige Züge. Warum wurdest du nicht längst zum Weltkulturerbe gezählt?

Stattdessen reden jetzt alle über deine Schädlichkeit, stören sich am Qualm und deinem ständigen Husten. Es ist wahr, deine Wohnung, deine Kleidung, deine Haut, sie riechen. Und leider haben die Ärzte recht, jeder weiß es, du kannst den Menschen großes Leid zufügen. Deshalb musst du es hinnehmen, dass ernstlich vor deiner lässigen Art, deiner tödlichen Gefahr gewarnt wird.

Deine unbarmherzigsten Gegner aber sind die „Ober-Lungenfachärzte", die Apothekenzeitschrift-Gelehrten, die notorischen Saubermänner, die dieser Welt wenige Impulse gaben, aber alles befolgten. Ihre Selbstgerechtigkeit hat sich mit dem Regulierungswahn verbündet, und sie haben in diesen Tagen das Sagen, auch hier im Arbeiter- und Kneipenland NRW. Sie lassen sich nicht von deiner rauchigen Stimme betören, sie treiben dich mit deiner Gefolgschaft aus der letzten „Gast"stube und lassen euch draußen unter Vordächern als eine Schar Verbannter frieren an Orten mit der Würde eines Katzenklos. Wer weiß, wozu sie noch fähig sind!

Mon amour, deine Schminke ist verlaufen! Wehmut? Komm, rück etwas näher auf eine Zigarette. Was sagst du, ich sei Nichtraucher und Arzt? Keiner wird uns verklagen. Auch wenn ich kein typischer Vertreter der Kneipenszene bin, weiß ich doch, du musst gehen, nach draußen, zu denen, die keiner mehr haben will. Rauch zu Ende, dann geh! Adieu!

Akute Schmerzen

Das Leben lehrt, Zahn, Stein und Bein,
die können elend schmerzhaft sein!
Und ist es auch nur eine Stelle,
die für uns ist des Übels Quelle:
Gerade dann, wenn ein Infekt
als Triebkraft hinter allem steckt,
will dieser Punkt schier explodieren,
dann braucht's die starke, sich're Hand,
die offen hält, es fließt der Eiter!
Dann rottet man das Übel aus,
„chirurgisch, dieser Zahn muss raus!

Alles Luther?

Angenommen, es wäre möglich, den historischen Martin Luther irgendwie zu reaktivieren und ihn als eine Art Ehrengast der Stadt Soest für einen Monat, d. h. vom 31. Okt. bis zum 30. November hierher einzuladen. Eine Vorstellung:

Anreise wäre z. B. am 31.10. Er hätte schon vorher eine Einführung über unsere moderne Zeit, unseren Lebensstil und die wichtigsten technischen Errungenschaften erhalten. Selbst unser kleines Soest wäre für einen unvorbereiteten Menschen aus einer vorindustriellen Zeit ohne Hygiene, ohne Strom, ohne Autos und tausend andere Dinge ein totaler Kulturschock.

Also, Luther käme! Eintrag ins goldene Buch der Stadt, Mittagessen in der Stadthalle. Als erste ökumenische Bewährung dann Fotoshooting, Gruppenbilder mit der Stadtprominenz, mit Protestanten und Katholiken, vielleicht sogar auch ein paar „Mohren" und Muslimen. Und abends strömten alle zur Alde Kerk, zu St. Petri. Ein Plakat mit den 95 Thesen wäre vorbereitet, das Luther dann an die Türe nageln sollte. Ein riesiges Medienaufgebot, Kameras surrten, Applaus brandete auf. Die Predigt in der übervollen Kirche zum Reformationstag würde Luther halten, er würde sein eigentliches Anliegen vortragen: „Das Wort sie sollen lassen stahn!" Alle würden dann das Lied „Ein feste Burg ist unser Gott" singen. Live auf allen deutschen Kanälen! Selbst Halloweenfreaks würden neugierig schauen!

Für den nächsten Tag, Allerheiligen, würde man ihn fragen, ob er bereit sei, einer Trauermesse im Katholischen Dom bei den „Papisten" beizuwohnen. Zwischen den führenden Katholiken der Stadt, Propst Heer und Bürgermeister Ruthemeyer, würde er sitzen, alle wären Schwestern und Brüder und ein katholischer und ein evangelischer Geistlicher würden im Wechsel Römer, Kap. 8 auslegen. Vor der Austeilung der Kommunion allerdings könnte Luther mit einer Delegation die Kirche verlassen, um den Osthofen-Friedhof zu besuchen.

Und dann käme die Kirmes. Ich glaube, Luther wäre nach anfänglicher Irritation irgendwann fasziniert von dem fantastischen Rummel. Und sollte er mal sächselnd lospoltern, der Kirmeslärm würde es verschlucken. Luther, der selbst gerne gut aß und trank, hatte eine eher barocke Lebenseinstellung. Dem darbenden Volk gönnte er so manche Freuden, nur der korrupte Klerus, der Wasser predigte und Wein trank, zog seinen ganzen Zorn auf sich. Im Übrigen würde die abgestellte Begleiter-Truppe die Bullenaugen mitzählen und den unerfahrenen Herrn Luther vor Schäden durch zu viel Alkohol bewahren.

In den nächsten Tagen gäbe es ein großes Interview mit dem Anzeiger und etliche Gesprächsrunden und Begegnungen, ob im blauen Saal, in der Paulikirche oder auch im Schlachthof. Als Moderatoren wären z. B. der Superintendent, der Stadtarchivar oder der Leiter des Schlachthofs denkbar. Herr Luther müsste viele Lokalitäten besuchen, müsste Zwiebelbier probieren, Pilgrims Sprungtropfen, Möpkenbrot und Gustav Schneiders Reibeplätzchen – und Pizza!

Nach dem Volkstrauertag mit einer Rede auf dem Osthofen-Friedhof und einem anschließenden Konzert in der Wiesenkirche gäbe es noch eine ruhige Woche vor dem Weihnachtsmarkt. Doch am Mittwochabend würde Herr Luther – warum nicht bei den Reformierten im schiefen Turm? – durch eine Predigt über den Glauben und die Gnade Gottes dem so wenig beachteten, grauen und stillen Buß- und Bettag

Größe und Bedeutung verleihen. Es würde ein landesweites Echo geben: „Das war sein Auftritt – heute!“ Noch ein theologischer Termin, Totensonntag mit Luther – media in vita in morte sumus!

Die restlichen Tage im November wären nicht mehr so von Bedeutung. Weihnachtsmarkt wie üblich, Rummel, Glühwein, jingle bells … Luther könnte streiken, zu oberflächlich, zu kommerziell. Vielleicht wäre anstandshalber noch ein Bummel drin. Dann wäre bald die Abreise, Ziel Flughafen Paderborn. Alle winken, auch Weihbischof Becker. Langsam würde die Anspannung weichen, ein erster Kommentar der Umstehenden „Boah ey, das war’s, er ist weg!“ Alle wären erleichtert. „Ja, wir haben‘s geschafft – welch ein Glück!“

Alltag in Soest

Du gabst uns mit der Börde,
ein üppiges Bauernland.
Nach der Ernte, nicht dass es störte,
erfolgt der Weizenbrand.

Gemahlen wird das Getreide,
und dann mit Hefe vergoren,
bei dem späteren Brennvorgang
geht viel Alkohol verloren.

Und wenn dann Besuch kommt,
und sei`s der Herr Pastor,
dann stellt ihm doch bitte
auch den Beerenschnaps mal vor!

Das Leben geht weiter
und auch Schnaps gehört dazu!
Ob bierernst oder heiter,
man kommt schon zur Ruh!

Westfalen ist deftig,
und das wird so bleiben!
Auch das Landstädtchen Soest
ist kaum anders zu beschreiben.

Alte und neue Verlässlichkeiten

Das Fräulein stand am Meere
und seufzte lang und bang,
es rührte sie so sehre
der Sonnenuntergang.

Mein Fräulein, sei'n Sie munter,
das ist ein altes Stück:
Hier vorne geht sie unter
und kehrt von hinten zurück.
(Heinrich Heine)

Das Fräulein an der Möhne
ein Seufzen sich entwandt,
es rührte sie so sehre
der Niedrigwasserstand.

Mein Fräulein, gar nicht munter
ist dieses neue Stück:
Kommt nicht mehr Regen runter,
kommt auch kein See zurück!

Die Klimakatastrophe -
in fernen Kontinenten.
Stets ist's dieselbe Strophe!
Und hier wird alles enden!

„Alter Schlachthof", Gratuliere!

Ich bin nur einer von vielen Soester Bürgern, die immer wieder mal das Angebot des alten Schlachthofes in Soest nutzen. Ich habe keinerlei Privileg und trotzdem möchte ich dir, Alter Schlachthof, an dieser Stelle einmal meinen persönlichen Glückwunsch zum 25. und meinen Dank aussprechen! Wenige hundert Meter entfernt von dir lebend, fühle ich mich irgendwie auch als ein Nachbar, der, wenn er kann, gerne mal vorbeischaut, am besten mal eben schnell mit dem Rad.

Am Ulricher Tor gelegen, dem Zusammentreffen der verkehrsreichen Ulricher Straße aus der Altstadt mit dem Binnerwall und der Arnsberger Straße als Autobahnzubringer, bist du ein idealer Anlaufpunkt. Bequem und ebenerdig gelangt man dorthin. Die Lage ist mehr als nur eine Lokalität, sie symbolisiert die dir aufgetragene Funktion, ein Ort des Zusammentreffens und des kulturellen Austausches von Menschen aus verschiedenen Richtungen, mit verschiedenen Interessen und Ideen zu sein. Neben der bereichernden Vielfalt besagt der Titel „Bürgerzentrum", dass dieses Zentrum für die Bürger gemacht ist, dass hier die bürgerlichen Prinzipien und Grundwerte auch bei Auseinandersetzungen gepflegt werden. Ich fand es z. B. sehr eindrucksvoll und richtig, dass im letzten Jahr die um ihren Wall besorgten Soester Bürger hier im übervollen Saal des Schlachthofes ihre berechtigte Wallinitiative gegen die Pläne der Stadt gründeten! „Hart aber fair" – so soll es sein!

Und mit dem Namen „Schlachthof" und den dadurch erzeugten Assoziationen müssen alle leben. Auch in der ländlichen Börde bis weit ins 20. Jahrhunderts hinein war Schlachten das, was auch die Nachbarn machten, Beschaffung hochwertiger Nahrung, Schweinehälften auf dem

Holzgerüst. In vielen Kulturen ist Schlachten etwas Kultisches. Wenn wir heute fertige Fleischprodukte im Supermarkt kaufen, sollten wir aber nicht vergessen, das Töten und Bluten immer notwendig sind, um unser wertvollstes Nahrungsmittel zu gewinnen. Sparsamer Umgang mit dieser Ressource ist geboten und ebenso die Achtung vor dem Leben, das nie blutleer ist und viel archaischer, als wir oft wahrhaben wollen.

Dass du primär ein eher jüngeres agiles Publikum mobilisierst, liegt in der Natur der Sache, aber du bietest genügend attraktive Angebote an, von Filmen über Musikveranstaltungen, hochkarätiges Kabarett, Theateraufführungen, Lesungen bis hin zum Ohrwurmsingen, die auch ältere und alte Menschen begeistern können.

Danke, dass du so vielseitig und so tolerant, dass du der Kultur, nicht aber einer Weltanschauung oder Religion verpflichtet bist. Ich kenne aber keine Weltsicht, die mehr Zugewandtheit und Freiheit gestattet als unser humanistisch-christliches Weltbild. Hier finden auch Minderheiten und Betroffenengruppen im Schutz deines Ziegelgemäuers ganz selbstverständlich Akzeptanz und Heimat. Doch du bist keine Heimatbühne, dein Kino aber wird aufgrund der exzellenten Programmzusammenstellung durch Richard Nüsken und Florian Hanrath, vormals Thomas Zedler, immer wieder mit hochkarätigen Preisen bedacht. Du bist kein Kunsttempel, aber beeindruckst durch z.T. anrührende Foto- und Kunstausstellungen, bist kein hehres Theater, aber lokale Theatermacher glänzen hier mit furiosen Aufführungen. Du bist keine Großstadtbühne, aber hast große Namen präsentiert wie z.B. den Kabarettisten Dieter Hildebrandt. Die Schlachthofaufzeichnung vom Febr. 2013 wurde das letzte Dokument eines Hildebrandt-Abends. Kultbands wie „Ton

Steine Scherben" treten ebenso hier auf wie die „Dime Daddys", oder wie Jürgen Becker aus Köln, der hier Freund Kanein besuchte. Danke, Thomas Wachtendorf, dass Sie den von Herbert Kanein so genial auf Tour gebrachten Wagen so souverän weiter ausgestattet haben und trotz all des mühevollen Klein-Kleins Ihre philosophische Klarsichtigkeit nicht unter den Scheffel stellen. Ich danke für alle Spannung, für Spaß, Rührung und manche Träne in vielen Kinostunden. Tiefen Eindruck hinterließen die Lesungen „Adressat unbekannt" und „Abschied von Sidonie" im Gedenken an Auschwitz, dabei ein besonderer Dank an Stephan Glaremin für den technischen Beistand. Danke für all die tolle Musik, egal, ob der Saal voll oder halb leer war, für Jazz Night und Pub Music. Der unermüdliche Einsatz von Klaus Moennig vom Kulturbüro sei gewürdigt, ebenso die Arbeit derer in der zweiten Reihe. Dem netten Kneipenteam sei gedankt für Service und manches einsame Bier, ich danke allen, die ich hier traf zum Reden und zeitvergessenen Diskutieren. Dankeschön auch für die asiatische Küche und für die halben Portionen, die wir, meine Frau und ich, bei euch so mögen.

Und Danke, Coco Hölscher – auch wenn du schon im Himmel bist – für das schönste Klo in einer Soester Gaststätte! Was habe ich vergessen? Alles, was mir gleich noch einfällt!

Bisweilen war ich nur auf ein kleines Bier hier im Schlachthof, sozusagen ein meditatives, und das war dann genau die Dosis Schlachthof, die ich an diesem Tag brauchte. Und dann gab es die großen Abende! Wenn das noch ein paar Jahre möglich wäre, Schlachthof, ich würde die Freundschaft schätzen. Du bist ja keine Endstation, kein Schlachthaus mehr, und wir sind keine Opferlämmer. Damit wir heute unsere alltäglichen Schlachten bestehen können, brauchen wir aber eine Ladestation für geistige Energie. Eine davon bist du, Alter Schlachthof Soest – herzlichen Dank und Glückwunsch!

Altes Soest

Wer vermag nicht den Ort als schönsten zu nennen,
wo er geboren und aufwuchs, glückliche Jahre,
wo die Geschichte ihn einschloss im Tagesgeschehen,
und wo man müde vom Tag abends die Lichter der Nacht entfachte?

Wer kennt sie nicht mehr, alte, geliebte Namen,
die sich dem, der das bucklige Pflaster beschritt,
beim Gang darüber von Gasse zu Gasse erschlossen,
und die als Titel den anderen Namen vorangingen?

Und wer war nicht geneigt, seinen Tag zu vergolden,
wenn die unendliche Sonne sonnige Kreisel
aufblitzen ließ über den Dächern der alten Stadt
und der Kirchen, gekrönt mit dem roten Schindel?

Das bist du, altes Soest, du vielfach geliebte,
immer noch trage ich bei mir dein Wort:
Urbs in Rure, das wird alle Zeiten so bleiben,
komm, wir fahren nach Soest, es ist wieder Markt!

Am Meer

Sind es verlorene Welle, längst vergess'ne Küsten suchend,
bewegt vom Wind, in Meeresahnung festgehalt'nes Erinnern,
des Meeres Unergründlichkeit wirft die gewellten Oberflächen
sich wogend überstürzend oder sanft ausrollend gegen Land.

Das Meer, das ewig wogende, kennt keine Ruhepausen,
es wirft, ob Tag, ob Nacht, sein Wellenpotenzial gegen das Land.
Einsame Kurven schreibt darüber hoch der Möwenvogel,
für ihn ist Fressen oder eigner Tod die Wahl des ew'gen Kampfes.

Apfelbaums Traum

Es war in einem Mai, als ich vor vielen Jahren nach Soest kam, die Baumblüte verzauberte Stadt und Land. Wieder einmal, so schien mir, träumte die Welt ihre schönsten Träume und ich gleich mit, ich war jung.

Wie anders ist die Welt in wenigen Jahrzehnten geworden! Damals war sie noch in Ost und West geteilt, an Wiedervereinigung dachte keiner, die EU war eine nette, westeuropäische Runde, eine Einheitswährung nicht in Sicht. Die 68er-Bewegung und die Verarbeitung des Vietnam-Kriegs machten den westlichen Lebensstil liberaler, während die UdSSR sich gerade auf ihr Afghanistan-Abenteuer einließ. Die allerersten Taschenrechner kamen auf, IT war ein Baby, Handy und Internet waren unbekannt. Die Deutschen entdeckten die Flugreisen und wurden Reiseweltmeister, aber bei „Globalisierung“ dachten viele mehr an den Globus im Wohnzimmer. Immerhin, die ersten Grünen gab es schon, die schlanke Petra Kelly und Gerd Bastian, aber „Klimawandel“ war für die meisten Deutschen eher die Reise ans Mittelmeer. Dabei konnte das Leben so schön sein, die Begriffe Aids und Alzheimer waren in der Öffentlichkeit noch unbekannt.

Fast ein Leben später, jetzt am Ende dieses Jahres, in der dunkelsten Zeit, wird überall geredet von einer ins Dunkle gewendeten Stimmung in unserem Land im Sinne einer wachsenden Verstörung und Empörung wegen des anhaltenden Flüchtlingszustroms und einer wachsenden Angst vor der Zukunft angesichts all der Bedrohungen. „German Angst“ – die deutsche Angst geht um.

Die Welt ist in der Tat komplex, das Flüchtlingsdrama lässt sich nicht per Konferenz und Verfügung regeln. Der Vergleich mit dem Chaos der Völkerwanderungszeit in der

Spätantike drängt sich auf. Ich vertraue auf die Substanz des alten Europas, auch diese Krise zu meistern, ohne ein muslimisches Abendland zu werden. Und direkt alle apokalyptischen Reiter auf sich zustürmen zu sehen, Krieg und Terror, Klimakatastrophe und drohende Demenz, das ist das Lust-am-Untergang-Szenario der Medien, aber nicht die Wirklichkeit. Bei allem müssen wir uns dem aktuellen Geschehen stellen, uns einbringen, verständnisvoll und wehrhaft zugleich, die Phase des Wegschauens ist vorbei!

Es sind spannende Zeiten. Ich sehe neben dem Haus den Apfelbaum, den wir einst gepflanzt hatten. Er hat mächtig getragen, aber er ist zu groß geworden, voller wilder Triebe. Gerade heute kam der Gärtner, um ihn zu beschneiden. Auch wenn es für den Baum schmerzhaft ist, dieser Winterschnitt ist notwendig, um den Trend zur Verwilderung zu stoppen, Schaden abzuwehren und ihm neues Blühen zu ermöglichen. Zyklen und der Wechsel wiederkehrender Zeiten bestimmen das Leben der Schöpfung. Uralt ist der Traum des Menschen von einem besseren Morgen ebenso wie der des unansehnlichen Apfelbaums von der Blüte. Immer noch folgte irgendwann ein Mai, dem Winter ein Frühling. Noch ist nicht Nacht auf Erden, man kann und sollte noch ein Apfelbäumchen pflanzen!

Aufgeräumter Himmel („Elfchen“)

Wissen
ist Mehrwert
auch den Himmel
erforscht längst des Menschen
Verstand.

Geräumt
und befreit
von allen Göttern
und Himmelreichen ist der
Himmel.

Vielleicht
verjagt noch
ein schweifender Stern
den letzten Mythos ins
Nichts.

Himmel
vollzieht sich
von Mythen befreit
nach dem Gesetz der
Natur.

Räume
geglaubt als
Zuflucht für Seelen
verflüchtigen sich selbst wie
diese.

Gott
habe ich
meinen Platz verloren
auf einem kälter gewordenen
Stern?

Du
dort draußen
jenseits der Himmel
erhalte uns die Liebe bitte
Gott.

Gartenfest

Schon das Planen ist ein Fest,
wenn man noch zum Metzger muss
und sich dort beraten lässt,
Gilt der Fall, dass alle kommen -
kauft man alles doppelt ein ?
Süßes wird sehr gern genommen,
da sollte man nicht knausrig sein!

Die pikanten kleinen Schnitzel,
Hähnchenschnitzel, Cordon-bleu
neues Döschen, neuer Kitzel,
Creme de Cardinal Riuex!

„Schau mal einer nach dem Kuchen !“
Oh, der duftet zuckersüß!
Jeder muss ein Stück versuchen –
Himmel, woher kann sie dies ?

Nun, die wahre Delinquentin
sitzt hier mittendrin, hat Spaß.
Und mit ihr, Korrespondentin,
mancher Kindertraum genas!

Schreibe doch, die Welt erblühe,
wenn ein Fest gefeiert wird.
Und der Dank für alle Mühe ?
Der wird gerade ausprobiert!

Ausflug von Krakau aus – La vita e bella?

Krakau, die alte polnische Königsstadt, im Süden des Landes gelegen in der historischen Region Galizien und Lodomerien, einem Grenzland, wo sich die verschiedenen Ethnien des Habsburger Reiches begegneten und die Kulturen Mitteleuropas und Osteuropas aufeinandertrafen, ist eine Stadt voller Geschichten. Die Altstadt und das alte jüdische Viertel sind Weltkulturerbe. In ihren Mauern aber jung geblieb, gedeiht ein inspirierender kultureller Austausch, ein vitales Studentenleben mit Darbietungen, Konzerten, Straßenmusik, Kneipen. Wie schön sich das Leben hier zeigt, wir waren da!

Warum wir aber auch hier sind: Das nur ca. 65 Kilometer entfernte Städtchen Oswiecim/Auschwitz ist für uns mittels Leihwagen bequem zu erreichen. Keiner kommt uninformiert hierher. Vor Ort gibt es gutes Informationsmaterial in vielerlei Sprachen für das internationale Publikum, dazu ein Medienzentrum. Guides stehen bereit, der Besuch ist auch gut ohne Führung machbar, alles gut beschildert. Jetzt im Januar sind hier nur wenige Besucher, das frostkalte Wetter unterstreicht aber die Lagerbedingungen. Für das Stammlager, feste Blocks, über dessen Eingang der infame Satz prangt „Arbeit macht frei“, sind gut zwei Stunden zu veranschlagen. „Alltagseindrücke“ z.B. Zellen, Verhörzimmer, Erschießungsplatz, riesige Stapel von Entbehrlichkeiten nach der Reise in den Tod – Kinderkleidung, Menschenhaar, Schuhe. Dann fährt man die drei Kilometer zu dem ehemaligen Lager Birkenau westlich der Stadt, wo die Züge endeten. Hier beginnt der Rundgang mit der Rampe, wo die Selektion der Ankommenden erfolgte, vorbei am großenteils gesprengten Komplex der Gaskammern und Krematorien und am heutigen Mahnmal und in weitem Bogen zurück Richtung Bahnrampe, vorbei an den primitiven, nicht beheizten Wohnbaracken. Gehen, Schauen, Eindrücke verarbeiten, dauert auch zweieinhalb Stunden – wer ist da von der intensiven Begegnung nicht aufgewühlt und gefordert, gleichzeitig nicht auch erschöpft? Das Bedürfnis, abzuschalten, was zu trinken, irgendwas Normales zu sich nehmen, drängte mich raus auf die Straße. Getränkekauf im modernen Supermarkt nahe der Stadt, warum musste gerade der hier von „Lidl" sein? Nach dem Aufwärmen in einem Café in der Altstadt von Auschwitz oberhalb der Flussniederung geht´s dann zurück ins menschenfreundliche Krakau in unser schönes Hotel. Rückkehr aus einer verstörend anderen Wirklichkeit ...

Auschwitz und Birkenau sind die bekanntesten der Todesfabriken, mittels derer die Nazis die, die sie zu Feinden deklariert hatten, vor allem die Juden, vernichten wollten. Es sind eingebrannte Bilder über das Böse, was Menschen einander antun können und manchmal auch wollen! Für die wie Vieh hertransportierten, halb verdursteten Gefangenen gab es nach der Ankunft kein Wasser, keine Toilette, kein Hallo, nur angstmachende Selektion. Die Verwertbaren wurden zur Registrierung als Arbeitskräfte weggeführt, die anderen gingen, ohne es zu wissen, sofort ins Gas – Mütter, Kinder, Alte, Kranke, Erschöpfte. Der Blick in bessere Zeiten war ihnen nicht möglich, diese Unmenschlichkeit ist nur schwer mit anzusehen! Der Sieg über die Nazis war kein Sieg über das Böse, die Ideologie. Sie verhält sich wie ein Virus, überdauert, mutiert, findet neue Formen und ist längst in andere Köpfe und die sozialen Netzwerke eingedrungen. Gegen das Virus braucht man Impfzentren, gegen Hass-Ideologie Erinnerungsorte wie diese.

Der italienische Regisseur Benigni verlagerte erstmals Teile einer Filmkomödie in ein KZ: „La vita e bella!“, „Das Leben ist schön“. Er hat recht, jeder KZ-Häftling möchte sein schönes Leben wieder haben. Darum zu ringen ist unser Schicksal, der Kampf gegen das Böse, um das einzige Leben lebenswert zu erhalten. Die „Einzigartigkeit“ des Lebens – ab hier gehts nur philosophisch oder theologisch weiter …

Sowjetische Truppen erreichten am 27. Januar 1945 das Lager Auschwitz-Birkenau und befreiten es.

Bakterien-Ode
(zu singen nach der Weise „Panis angelicus“)

Strophe 1: Die Normalität
Streptokokkus viridans, Lactobacillus spezies Actinomyces, Corynebacterium.

Proteus mirabilis, Serratia marcescens
Bifidobacterium et Escherischia.

Helico, Helico, Helicobacter.

Strophe 2: Das Kranke
Salmonella typhi, Treponema pallidum, Meningococcus, Borrelia burgdorferi.

Vibrio cholerae, Rickettsia Rickettsii, Bacteroides, Mycobacterium
Spezies Clostridium, Staphylococcus aureus

„Berlin, Berlin"

Einst versenkten Fischer hier die Reusen,
doch dem Fischerort war Größeres beschieden.
Dieser Ort gefiel speziell den alten Preußen,
denn für die Obrigkeit hat´ er genug zu bieten.

Prächtiges entstammte nun den Wäldern
und ganz Praktisches, um zu regieren,
Tore, Straßen und das Holz für die Kasernen,
Übungsplätze für das Auf- und Abmarschieren.

Was dann später folgte, ist Europa,
und mit ihm der Staatsbürger in Uniform.
Das Beamtentum entstand, weil alles so war
mit der Ordnung, die der Mensch hielt für die Norm.

Preußen wuchs zivil, mal laut, mal leiser,
innerdeutsch erwarb es bald die größte Macht,
und auf einmal wollten alle einen Kaiser,
preußisch musst' er sein, das wär´ gelacht!

Wilhelm, Friedrich oder Friedrich-Wilhelm heiß' er.
So benannt nun, führte er das Land,
trägt die Mitschuld an zwei schlimmen Kriegen.
Warum hat man ihn nach Holland nur verbannt….?

Als Berlin, zerbombt und abgebrannt,
aus dem Staub sein Antlitz dann erhob,
war's für 40 Jahr´ ein zweigeteiltes Land,
DDR, das Land, das alles nur verschob.

Zweigeteilt für vierzig Jahre,
doch der Menschentyp hat überlebt,
und das Wunder kam, das Wunderbare:
9.11.89 sich der Schlagbaum hebt!

Sozialismus traf den gold'nen Westen,
Jungberliner sahen erstmals die Verwandten.
Eine Rundfahrt und ganz schnell noch alles testen,
doch dann blieben sie zumeist beim Altbekannten!

Um die Mitte, sie gehört dem Osten,
scharen sich Berlins Bezirke drum herum.
Um von der Hauptstadt etwas mehr zu kosten,
schau` man sich in den Zentren um.

Dies Berlin hielt stets an Vielfalt fest,
Kiez in Kreuzberg und der Mitte, die man hatte,
die Karl-Marx-Allee und Kudamm West,
feines Dahlem und im Osten Platte!

Sprach's und – flupps, im Teich der Frosch,
nur Sekunden später auf ´nem andern Stein:
„Berlin, Berlin, ick werde dir vermissen,
die so schön berlinerisch kann sein."

Befreiung

Dort draußen am äußersten Rand,
wo verschwimmende Farben verblassen,
und die Dinge ihre Formen verlieren,
wo Mythen und Wahrheiten wechseln,
dorthin treibt mich stets eine Sehnsucht,
und ein Drang, wie es wär, zu verspüren,
nur frei sein, von allem ganz frei.

Doch wenn es mir nicht gelingt,
zu dem Rand dort draußen zu gelangen,
möcht‘ zurück ich zu meinen Grenzen,
das weiterhin tun, was ich kann,
auf bekannte Formen mich stützen,
und mit kräftigen Farben schreiben:
Ich bin frei von dem Muss, frei zu sein.

Besuch der Saarschleife bei Orscholz/Saargebiet

Am 11.9.2020 haben wir die berühmte Saarschleife im Saarland besucht. Das Foto auf der Vorderseite ist nicht geschönt, Anblick und Ausblick von dem Aussichtspunkt „Cloef“ inmitten der sehr waldreichen Mittelgebirgslandschaft sind wirklich so. An beiden Seiten der Saar führen nicht allzu breite feste Uferwege entlang, die in moderatem Umfang für den Rad- und Wanderverkehr genutzt werden, auch fahren Schiffe auf dem Fluss.

Zu dem Aussichtspunkt führt ein 600 m langer Fußweg, den auch Gehbeeinträchtigte gut nutzen können. Wald, Fluss, Himmel und Stille – dieser Ort ist fast schon mystisch. Nach dem Bekunden von Begeisterung und Staunen und nachdem die Fotos gemacht sind, kommt eigentlich jeder hier zur Ruhe, so etwas wie eine meditative Ruhe stellt sich meist ein, ob man sich dieser hingibt oder an nichts denken will. Der griechische Philosoph Herodot hatte das formuliert, was hier jedem einsichtig wird: „Man steigt nie in denselben Fluss, alles fließt!“

Der Lebensfluss führt das, was das Leben jedem zugedacht hat, zu ihm heran, was auch es sei, Leichtes und Schweres, die Situation geht vorüber, und was vorbei ist, das trägt der Fluss wieder mit sich fort und nichts kehrt je genauso wieder. So ist es im Leben, d. h. dies ist unser Leben! So war es auch heute vor 19 Jahren, als an 9/11 die beiden Flugzeuge in die Türme des World Trade Centers in New York krachten, so ist es heute, wo wir mit der dauernden Bedrohung durch das neue Covid-19-Virus leben müssen, und so wird es in 19 Jahren sein, dann, wenn wir längst nicht mehr sind …

Mond-Traum

An dieses Mondes Ufern haben wir gesessen,
wir haben uns an seinem vollen Glanz berauscht!
Und Nacht und Schlaf, das alles haben wir vergessen,
die Nächte waren gegen Träume ausgetauscht.

So sanft kam er heran, des Mondes Nachen,
und seine Sichel glitt mit uns durch manche Nacht
still auf dem Mondfluss, und die Sterne wachen,
bis das Boot uns nach Haus´ hat gebracht.

Vom Mondlicht übergossen war der Kummer,
der Morgen dämmerte mit fahlem Licht.
Und hoch am Himmel stand ein blasser, stummer,
ein Tagmond nur, der Nachtmond war es nicht!

Was ich in all den finst'ren Nächten machen werde,
wenn bald der Mond nur noch verdunkelt scheint?
Wenn seine Sichel fällt mit falschem Klang zur Erde,
dann ist vorbei der Traum, ganz anders als gemeint!

Corona: Zwischenbericht

Dieses Jahr, es war Zweitausend,
ist ein ganz besond´res Jahr.
Denn nach anfänglichem Rätseln
Schnell erkannt war die Gefahr.

Erstmals in modernen Zeiten
Musst‘ der Mensch es wohl erleiden:
Dass ein Virus so wie nie
Steuerte die Pandemie.

Irgendwann in Chinas Auen
sind dort Viren abgehauen!
Unfall oder böse Tat –
Welt steh auf, gib Tat und Tat!

Erstmalig in neu‘ren Zeiten
Konnt‘ ein Virus uns begleiten,
und das Wissen über dieses
sei identisch, ja, so hieß es.

Virusstamm – das war Corona,
die Verbreitung war weltweit.
Trotz der Kittel und Bekleidung
holt der Tod sie aus der Zeit.

Und weltweit kam zum Erliegen
Jede Art von Fernverkehr.
Lieber Lockdown und nichts kriegen,
wochenlang lief gar nichts mehr.

Einen Aufwind gab es erst,
als die Pharmafirma Pfitzer
einen Impfstoff vorgestellt,
jetzt war man ein bisschen weiser.

Kurven wurden etwas flacher,
aber immer neue Typen
jagten mit Covid wie ein Rächer
durch das Land hüben wie drüben.

Sind wir heut etwas weiser?
Nein, die Welt ist nicht gestorben,
gegen Covid, ja, so heißt er,
wurde Resistenz erworben.

„Das Duell“, ein Horrortrip
Meine italienische Version

Die Erinnerung kommt mit den Bildern. Viele werden den Film von Steven Spielberg aus dem Jahre 1971 mit dem Titel „Das Duell“, einen Klassiker des Horrorfilms, schon mal gesehen haben. Mit minimalem cineastischen Aufwand zeigt der Film ein Geschehen, das im Alltag beginnt, im weiteren Verlauf aber immer bedrohlicher und unheimlicher wird. Ein Mann fährt mit seinem Auto, einem roten Plymouth Valiant, durch die Berge. Plötzlich taucht ein riesiger, alter rostiger Tanklaster auf, der sich an seine Fersen hängt mit der erkennbaren Absicht, ihn nicht mehr loszulassen, ihn umzubringen. Eine ungemein spannende Jagd durch die Berge beginnt! Auch ich hatte da ein Erlebnis, das ich einmal schildern möchte …

Wir waren Urlauber, meine Frau und ich, eine Woche mitten im Januar im Bade- und Touristenortort Tropea weit unten in Süditalien. Nach einem Ausflug mit Umrundung der Südspitze des italienischen Stiefels fuhren wir auf der ionischen Küstenstraße auf dem Rückweg nach Tropea Richtung Norden. Es war ein wolkiger Tag gewesen, am Meer recht böig. Der majestätische, tief verschneite Ätna mit weißer Krone hatte sich nur schwach durch das Nebelgrau gezeigt. Grau und etwas trostlos wirkten viele einfache Küstenbadeorte hier ganz im Süden, tote Hose! Der Nachmittags-Cappuccino war kalt gewesen, der Kellner unfreundlich. In dem alten Bergort Gerace, den wir besuchten, war fast alles, auch die Basilika, geschlossen. Jetzt galt es noch auf einer Autobahn über die Berge zur Westküste zu gelangen, dann abschließend die letzte Etappe nach Tropea am Tyrrhenischen Meer.

Ich hatte mit meinem Leihwagen einem großen LKW, einem Sattelschlepper amerikanischer Bauart mit Motorhaube und dem üblichen verchromtem Zierrat eines US-Trucks an einem Verkehrskreisel eindeutig die Vorfahrt genommen. Er musste deutlich abbremsen, andererseits war ja nichts Gravierendes passiert, und Gott sei Dank war es ja meistens so. Der Truck ließ zweimal laut und langezogen seine Hupe ertönen, es klang nach Ärger! Ich für meinen Teil machte eine entschuldigende Handbewegung Richtung Truck, die Scheiben waren abgedunkelt, kein Fahrer erkennbar. Ansonsten sah ich zu, dass ich Land gewann. Auch der Fahrer in dem vor mir fahrenden Wagen zeigte mir den Vogel! Warum? Strenge Italiener, kein bisschen nachsichtig!

Die Ampel vor der Autobahnauffahrt zeigte rot. Beim Blick in den Rückspiegel sah ich den Sattelschlepper, den ich längst abgehängt oder woanders wähnte, hinter uns in die Abbiegespur einbiegen Welch ein martialischer Auftritt des Trucks! Rote Zugmaschine, der mehrachsige große Auflieger, hell-beige lackiert, Aufschrift irgendwas mit „Alimentari“ (Lebensmittel). Jetzt kam er chromblitzend, blinkend und hupend mit vorgereckter Schnauze und einem roten Adlerkopf auf dem Kühlergrill von hinten auf uns zugerauscht wie ein angreifendes Raubtier, und das in einem Tempo, als wolle er uns überrollen. Mit quietschenden Bremsen kam er knapp hinter uns zu stehen.

„Idiot!“ schrie ich erschrocken, „bist du wahnsinnig?“ und zeigt den Vogel. Und er, nur ein böses Grinsen? Die Ampel sprang auf grün, und rasch ging's auf die Autobahn, weg von diesem unangenehmen, rachsüchtigen Zeitgenossen!

Zügig überquerten wir die z. T. dicht bewaldeten nordöstlichen Ausläufer des zentralen und einsamen Gebirgsstockes im Zentrum Südkalabriens, des Aspromonte, in Richtung Tyrrhenisches Meer. Hier im südlichsten Zipfel Italiens, wo die Stiefelspitze fast Sizilien berührt, ist ein oftmals einsames, gebirgiges, meist dicht bewaldetes Land, unserer Mittelgebirgslandschaft in etwa vergleichbar. Auch wegen des Nadelgehölzes verbleibt an trüberen Tagen ein bisweilen düsterer Eindruck. Hoch wie Krähennester liegen kleine Bergdörfer oder Städtchen im Hinterland, nur über kurvige Straßen zu erreichen. Reichtum hat hier kein Zuhause. Ging hier im kargen Hinterland einer verloren, dann wusste bisher am ehesten noch die N'dragheta, die kalabrische Mafia, wo er war. Die Küste ist fest im Griff des Tourismus, die Anfahrt zu den Küstenorten erfolgt auch hier noch über die Küstenstraße. Erst die Autostrada del Sole mit ihren Tunneln und Viadukten und der Flugverkehr hatten die Region Kalabrien insgesamt besser erreichbar gemacht.

Jetzt war Winter, die Touristen kommen im Sommer wieder. Die Touristenzentren am Meer, die Hotels, geschlossen, ebenso viele Sehenswürdigkeiten und auch die meisten gastronomischen Betriebe. Oben im nebligen Aspromonte-Gebiet sollen zwar irgendwo ein paar Skilifte laufen, aber deshalb kommt keiner hierher. Das sonst trubelige Tropea ist jetzt ein ruhiges Küstenstädtchen mit einmaliger Lage auf der hohen Küste. Italienisch schallt durch die Gassen, geschäftig tuckernde Piaggio-Pritschenwagen, es wird geflickt und, gewerkelt, Fischer reparieren ihre Netze. Das Sanctuario ist geschlossen, das Museum die meiste Zeit. Die alten Männer treffen sich oben auf der Promenade und in den Bars zum – Parlare, Reden! Trotz Wintersonne braucht man doch eine Jacke. Vereinzelte Strandspaziergänger am türkisblauen Meer, am Horizont die Insel und der Vulkan Stromboli. Es ist ein touristisch ausgerichtetes Land in einer Zwischenzeit, alle warten darauf, dass die Saison wieder beginnt, die geschlossenen Hotelanlagen, die halbfertigen Investitions-Ruinen, die Strandbars, die Händler – alle träumen. Ein Land für den zweiten Blick, eine sich unscheinbar gebende Schönheit mit schönen und markanten Küsten und wilder, spröder Natur im Inneren.

Wir waren gut vorangekommen und ich wollte ganz entspannt auf die vor uns liegende Westküstenebene zurollen. Mittlerweile war es schon Spätnachmittag geworden und die Sonne tauchte bereits langsam in den Dunst über dem Meer ein. Den Truck hatte ich hinter uns gelassen, wollte die Sache vergessen. Doch ein plötzlich „Trööööt Trööööööt“, ein grässliches, lautes lang gezogenes Hupen und ein ständiges Aufblinken der Lichthupe rissen mich brutal aus meinen Träumereien. Mein Verfolger, der Truck, war ganz dicht aufgefahren und schob uns fast vor sich her, ich meinte fast zu spüren, wie er uns von hinten touchierte! Was für ein Irrer saß am Steuer, der uns verfolgte? Er fuhr auf volles Risiko in einem äußerst gefährlichen Fahrstil. Wenn ich auch nur etwas gebremst hätte, hätte er uns platt gefahren! Nichts wie weg von diesem Monstrum, das es offensichtlich auf mich abgesehen hatte. Auch meine Frau war ganz blass geworden. Ich gab Gas und konnte schnell beschleunigen, das ließ die ruhige Verkehrslag zu. Und der Truck? Ich sah im Rückspiegel, wie auch er beschleunigte und sogar auf die Überholspur fuhr – ich aber war schneller, und auf den nächsten zehn Kilometern bis zur nächsten Ausfahrt, wo wir von dieser Autostraße abfahren mussten, hatte ich ihn abgehängt. Doch eine Unruhe blieb.

Nach der Abfahrt von der Autobahn mussten wir das kleine Landstädtchen Rosarno durchfahren, um dahinter die Ausfallstraße nach Norden zu erreichen. Der Schwerverkehr, also die LKWs, erreicht hier die Superstrada SS1 und bevorzugt für das weitere schnelle Vorankommen gerne die Autostrada. Das erhoffte ich auch von meinem Gegner, wir brauchten die SS1 nicht mehr! Die Dunkelheit senkte sich über das Städtchen, im abendlichen Getriebe dauerte die Ortsdurchfahrt länger. Auffallend waren die vielen dunkelhäutigen Menschen im Ort, die mit ihren meist unbeleuchteten Fahrrädern oftmals erst im letzten Moment zu erkennen waren. An der letzten Ampelkreuzung vor der Ausfallstraße Richtung Norden mussten wir warten. Von rechts kommend bogen zwei LKW auf diese Straße in unserer Fahrtrichtung ein – der zweite war ein Sattelschlepper, rot-beige, es war „unser" Truck!!

Die LKWs donnerten einfach los, bald hatte die Dunkelheit sie verschluckt. Ich war sprachlos! Welche Abkürzung hatte dieser verdammte Truck genommen, dass er jetzt vor uns auftauchte, wie aus dem Nichts? Warum war er auf unserer Route und nicht auf der SS1?! Ich wartete zwei, drei Ampelphasen am Straßenrand ab, fuhr erst dann los

Sollte er bloß fahren, fahren, schnell und weit genug weg vor mir! Andererseits dürfte er uns jetzt schon ein gutes Stück uns voraus sein und bis zur Abbiegung nach Tropea war es nicht so weit. Und hatte er mich an der letzten Ampel überhaupt erkannt? Gedanken, die mich beruhigen sollten, es aber nicht schafften. Meine Fantasie malte sich schlimme Szenarien aus. Im Süden dunkelt es schnell, man staunt, wie schnell die Dämmerung das umgebende Land mit seinen Olivenbaumhainen und Obstbäumen verschluckt hatte. Der Verkehr dünnte sich aus, nur einige schlecht beleuchtete Zweiräder, einige landwirtschaftliche Pick-Ups und nur ein paar PKWs befuhren die Straße. Was aber, wenn der Truck hier irgendwo unbeleuchtet am Straßenrand auf sein Opfer wartete, um es dann jagen zu können? Zum ersten Mal verspürte ich so etwas wie Angst. All dies konnte doch kein Zufall sein! Ich war mir jetzt sicher, dass dieser Truck mir übelgesonnen war, dass sein unsichtbarer Fahrer etwas mit mir abzurechnen hatte – alles wegen des Kreisels?! Oder steckten dahinter vielleicht sogar kalabrische Gangster, fuhren wir vielleicht bereits auf dieser dunklen Straßen immer tiefer hinein in eine Falle eines Gegners mit Heimvorteilen? Ich verspürte den Anflug eine Gänsehaut!

Der Titel des Horrorfilmes „Das Duell“ fiel mir ein – sollte es hier und jetzt zu einem realen Duell zwischen uns kommen? Gott sei Dank tauchte schneller als erwartet die Straßenabzweigung nach links auf, die wir nehmen mussten für die bergige, letzte Strecke nach Tropea. In Höhe der Abzweigung lag auch eine Tankstelle. Warum ich diese anfuhr, weiß ich im Nachhinein nicht mehr, nicht wegen Sprit! Das Licht der Tankstelle flackerte, kein Tankwart in Sicht. Ich fuhr am Parkplatz vorbei, wo mehrere unbeleuchtete LKWs und Anhänger standen und – soweit bei den Lichtverhältnissen erkennbar – war auch ein dunklerer, rot-beige-farbener Truck, mein Feind, dabei!! Panisch startete ich durch und nahm die Ausfahrt. Im Rückspiegel meinte ich zu sehen, wie die Lichter des Trucks angingen! Flucht, Flucht, nichts wie weg! Ich trat aufs Gas und klammerte mich förmlich an die Straße vor mir, vor meinen Augen albtraumhafte Bilder aus dem Film, insbesondere der Monstertankwagen! Mehr zufällig erhaschte das Auge dann jenes Verkehrsschild, das eine sechs Kilometer kürzere Nebenstrecke bis nach Hause anzeigte. Eine Chance? Ich riss das Steuer rum und bog hier ab zur Flucht über eine dunkle, unbekannte Nebenstrecke …

Alles ist pechschwarz, keine weiteren Autos auf der unbekannten, dunklen Straße, die sich kurvenreich durch die mit Olivenbäumen oder mit Macchia bedeckte Hügellandschaft windet. Weit und breit kein Licht, abgeschiedener hätte eine Strecke kaum sein können, nur wir und die Dunkelheit da draußen! Wenn hier etwas geschah, gab es keine Zeugen.

„Fahr bitte nicht so schnell auf dieser schmalen Straße“, mahnte meine Frau. Plötzlich ein Geräusch, ein noch fernes Motorengeräusch irgendwo hinter uns, wenn man genauer hinhörte, das Geräusch eines Dieselmotors. Ich wusste es sofort, dies ist der Truck, der Horror-Truck!! An der Tankstelle hatte er gewartet und jetzt jagt er mich hier in der Einsamkeit als Finale!

Das Motorengeräusch wurde lauter, jetzt sah man auch erstmalig das Licht der Frontbeleuchtung, ein leuchtender Fleck, der aufgrund der kurvigen Straßenführung immer wieder mal verschwand, auftauchte, verschwand, zerlegt durch das Geäst der knorrigen Bäume. Näher und näher rückte er, griff nach mir. Was hat er hier vor? Wird er uns rammen, von der Straße abdrängen? Panisch verkrallte ich mich mit beiden Händen ins Lenkrad und gab noch mehr Gas … Er hat dich gleich, du kommst nicht davon! Du kommst nicht davon! Mein Leihwagen raste und heulte drauflos, schnitt die Kurven der mir unbekannten Strecke und holperte und rumpelte ungebremst über schlechten Straßenbelag,

Schlaglöcher und unbefestigte Bankette. Meine Frau, auch sie völlig aufgeregt, schrie mich an „Du Wahnsinniger, was machst du, halt an ... halt an, du bringst uns um. Du kennst die Straße nicht, du bist verrückt … fahr doch ran, bitte rechts ran!!!" Dass sie mir nicht ins Lenkrad griff, war fast ein Wunder! Das Höllentempo halte ich nur noch kurze Zeit durch, dachte ich, dabei das immer mehr aufrückende Grauen im Nacken.

Irgendwo tauchte unmittelbar vor einer Linkskurve eine Wegabbiegung, ein Feldweg, auf, den ich mit letzter Entschlossenheit ansteuerte, mit hartem Bremsvorgang kamen wir zum Stehen! Oh Schicksal …! Es waren keine zehn Sekunden, bis der Truck erschien, voll aufgeblendet und mit donnerndem Tempo an uns vorbei raste, ohne uns zu beachten! Warum auch? Es war gar nicht „unser" Truck, mein Gott, es war nur der Motorwagen eines ganz anderen Schleppers, schwarz statt rot, und der hatte es eilig! Der fehlende Auflieger erklärte sein Tempo, nur Sekunden später war er hinter der nächsten Kurve verschwunden! Das Geräusch wurde immer leiser …

Wir brauchten etwas Zeit, um runterzukommen, der Horror war vorbei. Wir waren okay, und auch der Truck war nicht in den Abgrund gestürzt.

Zurück auf der Straße fuhr ich langsam weiter. Bald erreichten wir die ersten Häuser der angegebenen Ortschaft. Und in der Einfahrt eines dieser Grundstücke stand der Motorwagen still und brav, zu Hause angekommen! Der Fahrer kannte bestimmt die Strecke, und er wollte schnell nach Hause, weil Ehefrau, die Kinder und das Abendessen auf ihn warteten! Ich hielt noch mal an, öffnete die Türe und ließ die kühle Abendluft hinein. Die Suggestion war enorm gewesen, mein „italienisches Duell“ war zum Glück zu Ende. Der Horrortrip war mein Werk, gestand ich mir ein.

PS. Eine halbe Stunde danach erreichten wir an jenem Tag wohlbehalten Tropea.

Das Leben geht weiter

Schöne neue Welt? Drei schwierige Brüder, „Tempestas“, „Progressus“ und „Chaos“ (Klimawandel, Fortschritt und Chaos) sind heute die Kräfte eines unsanften Wandels, der die Erde verändert. Selbst Ms. Liberty steigt irritiert von ihrem New Yorker Sockel. „Was für ein Klima!“ Irgendwo kräht einer „America first!“ Sie hüllt sich in ihr Gewand, es wird kälter.

Es wird wohl rauer und ruppiger werden hier auf Erden. Für viele geht ein Stück Heimat und Himmel verloren, ein Sehnsuchtsort geistiger und geistlicher Weite, von dem es in Schillers „Lied an die Freude“ heißt: „Brüder, überm Sternenzelt muss ein lieber Vater wohnen …“ Andere nehmen den Verlust z. B. des Religiösen beiläufig oder sogar als Befreiung von Überflüssigem wahr. „Den Himmel überlassen wir den Engeln und den Spatzen“, schreib einst Heinrich Heine.

Noch gehört das Christentum zum kulturellen Bodensatz unserer Gesellschaft. In einem evangelisch-pietistischen Umfeld aufgewachsen, wurde mir der Glaube zu einem Lebensmittel des Grundbedarfs, als Erwachsener aber ernährt man sich auch anders. Die Geradlinigkeit vieler nicht religiöser Menschen beeindruckt mich. Glaubwürdigkeit hat nichts mit Glauben zu tun, geistige und religiöse Vielfalt aber viel mit Toleranz. Die gehört zum guten Miteinander unbedingt dazu, aber auch menschliches Gespür, Humor und eine Prise Ironie.

In Zeiten des Wandels braucht man Verbindliches und Verbindendes, eine Sichtweise auch für die Zukunft! Auch als Glaubender bin ich nicht zum Missionar geeignet. Auf meinem Grund stehend spüre ich Erschütterungen, spüre die

Endlichkeit und fürchte auch etwas eine endlose Ewigkeit. Noch lebe ich und liebe dieses schöne Leben. Ob man das Leben als Schicksal oder ein von Gott verfügtes Geschenk sieht, es ist zutiefst sinnlich, voller Träume, Glück, Ängste und Hoffnungen, und es inspiriert. So wie die Erhabenheit der Schöpfung uns demütig machen sollte, verdient etwas anderes unsere ganze Achtsamkeit und Achtung – die Würde des Menschen, im ersten Buch Mose als Gottes Ebenbild genannt. Ob verweigert oder zertreten – diese Würde ist immer gleich, sie ist göttlich, sie ist unsterblich!

Mögen uns andere Götter darum beneiden – unsere Bürde tragen sie nicht, das bleibt für uns! Noch ist es ein dunkles Spiegelbild, das ich zu erkennen glaube, aber helfen wir (auch um Gottes Willen) dem Menschen und tun es für ihn, für uns und für eine bessere, andere Welt – im zarten Widerschein eines fernen Leuchtens!

Für einen Moment bin ich versonnen, so manches beschäftigt mich. Da ist er wieder zu hören „America first!“ Es ist die Zeit des Karnevals, die Narren antworten auf ihre Art. Vom Rhein schallt's hinüber: „Bliewen's first - Germany förster! Alaaf! Das Leben geht weiter.

Der Himmel

Der Himmel,
der den leeren Raum
mit Gestirnen anfüllte
und in all seiner Größe
ferne Zeichen setzte,
der in all seiner Weite
uns den offenbarte, der
überm Sternenzelt thronend
dasselbe erst erschuf,

dieser Himmel
ist nicht mein Himmel.
Denn „meine" Gestirne
leuchten nur für sich
und verglühen für sich.
Und sollten sie vergehen,
wird mir zwar genommen,
was mir aber nie gehörte
und was mich nie meinte.
Mehr macht mich betroffen
das Ende meiner Zimtsterne!

Der Ruhelose

Pläne, Ziele haben viele,
insbesondere, wenn man jung ist.
Doch wer hat so viele Ziele,
dass er ständig auf dem Sprung ist?

Hier Französisch, da Gymnastik,
musisch könnt es Geige sein.
Yoga, Tai Quji, nicht zu hastig,
werde groß, du bist nicht klein!

Auf dem Wege sein, probieren,
Last als solche nicht empfunden,
Spracheinstieg geschickt drapieren,
Sportlich alles hier erkunden.

Ja, wer so den Tag beginnt,
was will der noch erleben?
Hör nur, wie das Rinnsal rinnt,
finde deinen Platz im Leben!

Der Spott

Der Spott ist für die Spatzen, sie singen so schön,
dabei sind sie schnell, und hübsch anzusehn.
Dem Kollegen jedoch wurde die Jacke versaut –
Warum legt er sie so, dass ein Spatz sich traut?

Sie sind scheu, man kommt nur gerad bis zur Linde,
schon rauscht davon der Schwarm, und ich finde,
etwas mehr Kontakt könnt‘ nicht schaden,
wir sind harmlose junge Gerichtsadvokaten!

Als Standortvogel ist er beliebt,
gut, dass es noch genug davon gibt!
Ein lebhafter Schwätzer kann er sein,
ein böser Mensch kommt hier nicht rein.

Doch hören wir gerne euren Spott,
wenn ein Kläger mal vor Gericht verliert,
und er sich darüber bei Gott
echauffiert, weil er gar nichts kapiert!

Und klatscht er wütend in die Hände,
erhebt sich spottend euer Schwarm.
Die Sitzung ist damit zu Ende,
die nächste kommt, mir wird schon warm.

Der Start

Es war wie bei jedem bisherigen Rennen, wieder verspürte er dieses innere Vibrieren, diese innere Spannung und doch gleichzeitig auch das vertraute Gefühl einer aufsteigenden Gelassenheit und einer geradezu provozierenden Gewissheit, dass er zu den Siegern zählen würde. Der Helm saß perfekt, seine Hände umklammerten das Sportlenkrad, federnd stemmte er seinen Oberkörper in den Sitz. Auch seine Startposition war optimal bei diesem 70. Rennen. Dann zerriss der Startschuss die angespannte Stille. Ein ohrenbetäubendes Aufheulen und Röhren der Motoren – der Pulk setzte sich kraftvoll in Bewegung. Nur sein Rennwagen blieb stehen, rührte sich nicht, und er spürte ganz intensiv dieses absolute Verharren. Schon eilten die Servicetechniker herbei, schoben das Gefährt rasch von der Strecke. Sie öffneten den Türschlag, er stieg aus, wusste, was er tun würde. Festen Schritts ging er zu dem Pferd, das ganz ruhig am Rande stand, stieg wortlos auf, nahm die Zügel und ritt, ohne sich noch einmal umzuschauen, in den grünen Frühlingsnachmittag hinein …

Der Winter ist über die Börde gekommen

Der Winter ist über die Börde gekommen,
so wie er selten doch kam.
Den Arbeitern Hacke und Schaufel genommen,
legt` er das Land förmlich lahm.

Das Land überzog er mit Eis und Schnee,
die Felder, die Wälder, die Höhen,
und alles steht nach innen gewandt,
macht das Land so sonderbar schön.

Am Himmel kann man Schneewolken seh'n
die brachten uns stets neuen Schnee.
Liegt er nicht da, wie hingeweht,
es ist Winter, wohin man auch geh`.

Wer machte sich früher Gedanken
über Brennstoff, den man verbrannt!
Lass andere darüber entscheiden,
die sonst nicht sehr viel verband.

Zur Arbeit ziehet euch warm an,
fahrt nur Wege, die vor euch geräumt,
so kommt ihr noch schneller voran,
seid zu Hause, noch eh ihr's geträumt.

Der Himmel glänzt kalt und frostig,
Spaziergänger eilen nach Hause,
es beginnt gleich die Blaue Stunde,
die Seele sitzt da und träumt!

Und der Rauch steigt wie in Säulen
gerade zum Himmel empor,
das stille Land am Abend
umfasst den Pfeifenchor.

Was kann uns der Winter bereiten
nicht so wie in Kanada?
Als die stillste aller Zeiten,
so wie sie hier wirklich geschah.

Oh Winter, bleib doch ein Weilchen,
vielleicht auch nur zwei, drei Wochen.
Dann gibt es vielleicht schon bald Veilchen -
ganz ehrlich, ich hab sie gerochen!

Deutsche Außenpolitik

Durch deutsche Lande bin ich jüngst gefahren,
Kontakte fand ich leicht, na bitte sehr!
Ich frage mich dabei nach all den Jahren,
wo nehmen Deutsche so viel Gleichmut her?

Die Ukraine brennt, die Deutschen reisen
zu Ostern auf die Balearen!
Die schweren Waffen, das sei zu beweisen,
seien verplant und damit abgefahren!

Was macht der Bundeskanzler Scholz?
Sein Herz ist wirklich nicht aus Pappe!
Verkündet draufzuschauen, und was soll's,
im Übrigen nehm' er's auf seine Kappe!

Die alten Bäume

Wie oft bin ich unter euch geschritten,
taucht gern ich in euren Schatten ein.
Und ich musste keinen weiter bitten,
wollte bloß mit euch zusammen sein.

Hohe Stämme, um sich anzulehnen,
starke Wurzeln boten Halt im Sturm,
hoch erhoben Kronen, die sich dehnen,
dies war meine Zuflucht, war mein Turm.

Konnte euch von meinem Fenster sehen
und die Äste, sie fächelte der Wind,
so, als gäbet ihr mir zu verstehen,
wie vertraut und nahe wir uns sind.

Ich sah eure Kronen frisch erblühen,
sah des grünen Blattwerks ganze Pracht,
Blätter bunt im Herbstlicht glühen,
Schnee auf Ästen in der Winternacht.

Hab‘ so oft das Morgenlicht gesehen,
schimmernd schien es durch die Zweige,
und so manchen Tag sah ich vergehen
wenn im Abendrot er ging zur Neige.

Und so vieles wussten wir gemeinsam,
ja, fast alles hab‘ ich euch erzählt.
Manches Wissen aber macht auch einsam,
Hab‘ euch als Vertraute ausgewählt.

Lange schon steht ihr an diesem Ort,
groß und mächtig, werdet überleben.
Und ganz sicher muss ich vor euch fort,
vielleicht wird's ein leichtes Raunen geben.

Doch sah ich plötzlich diese Zeichen,
Wer hat eure Stämme denn markiert?
Unvorstellbar, was ich höre, ihr sollt weichen,
auch hier werde Baumbestand saniert!

Nirgendwo seh' ich hier kranke Bäume,
vielleicht brach der Wind mal einen Ast!
Nein, die Krankheit ist, es fehlen Räume,
und ihr steht im Wege, was nicht passt.

Reden, Zürnen, hab' geweint genug,
hab´ unter euch gestanden und geschrien.
Keiner, der nach meinem Kummer frug,
ich weiß nur, die Planung ist gediehen.

Nun, ich werde mich dagegenstemmen,
für den Sarg brauch ich nicht euer Holz!
Kann ich diesen Willkürakt nicht hemmen –
ihr seid bis zum Ende aufrecht, würdig, stolz!

Griechische Männer

Die Männer „mit dunklen Augen und mit schwarzem Haar“, dazu ein Schuss Mikis Theodorakis, stehen am Hafen, am Kai, oder sitzen im Kafenion.

Sie, die Nachfahren von Sokrates, Plato und anderen, wissen, wie das Leben so verläuft.

„Oida uden eidennai“
(Ich weiß, dass ich nichts weiß).
Und doch wissen sie auch, dass sie die Größten sind …

Die Kugel

Sie
Sie rollt
Die Kugel rollt
Ich sah die Kugel rollen
Ich hört‘ ihr Rollen auf festem Grund
Wie eine große Murmel so rollte sie murmelnd
Wie miteinander Reden klangen Rollen und Murmeln.
Sie rollte
Sie rollte auf mich zu
In meine Richtung und war ganz nah
Ich wollte nach ihr greifen und nach ihrem Murmeln
Doch sie war schon an mir vorbei gerollt und es klang schwächer
Ihr Murmeln und ihr Rollen wurden dumpfer sie rollte weiter ins Gras
Sie verschwand
Verschwunden im Gras
Ich suchte nach ihr und fand sie nicht
Doch ich höre weiter ihr Rollen und ihr Murmeln
Und auf einmal spüre ich mich selber rollen und mit mir reden
Ich sehe die Kugel nicht mehr und meinen Platz wo ich stand jetzt leer
Die Kugel höre ich und ich bin bei der Kugel und ich bin Teil von einer solchen
Ich bin die Kugel
Ich rolle davon!

Die Maske des Roten Todes

Gekürzte Nacherzählung der gleichnamigen Geschichte „The Masque of the Red Death" des amerikanischen Schriftstellers Edgar Allan Poe von 1842

Vorspann: Seit über einem Jahr ist Corona überall auf der Welt als ein todbringendes Virus bekannt, das als pandemische Massenseuche auftritt. Die Zahl der Corona-Toten hat die Millionengrenze überschritten. Nichts Vergleichbares hat jemals die gesamte Welt zeitgleich dermaßen verunsichert mit massiven Auswirkungen auf das Verhalten des Einzelnen und erst recht das gesellschaftliche Zusammenleben im Sinne eines weitgehenden Stillstandes. Leben im Ausnahmezustand. Fieberhaft wurde um Impfstoffe gerungen, man hofft, durch Impfungen und strikte Kontaktvermeidung zum Erfolg zu kommen, aber keiner weiß, wie lange es noch dauert, was wirklich passieren wird. Lägen wie einst die Opfer von Seuchen noch als Verendete auf den Straßen, wäre jedem die Unerbittlichkeit der Seuche drastisch vor Augen. Aber das Sterben und Leiden abgeschirmt in Heimen und Krankenhäusern lässt uns die Gefährlichkeit des Killervirus Seuche oftmals zu leicht nehmen.

Gerade deshalb ist in einem Bürgermagazin wie dem „Füllhorn" diese Geschichte von E. A. Poe gut platziert, um angesichts der massiven dritten Coronawelle mit gefährlichen Mutanten die Gefahren nicht zu unterschätzen. Eine schaurige Mär ist es und auch ein Stück Weltliteratur. Jeder, der dieses Heft in die Hand nimmt und durchblättert, wird auch über diese schockierende Geschichte stolpern, sie vielleicht auch lesen und in seinen Gedanken bewegen. Zumindest Aufschrecken ist angesagt!

„Es war einer der schlimmsten Seuchenzüge der Pest, der nur Grauen und Tod hinter sich ließ. Die plötzlich auf der Straße davon Befallenen sanken vor Schwindel und Schmerzen zu Boden, entwickelten am Körper, besonders im Gesicht scharlachroten Flecken, bevor Blut sich aus allen zersetzenden Poren entleerte. Der Kranke oder Tote boten ein abstoßendes Bild des Grauens. Das Gesicht mit scharlachroten Flecken war das Ächtungsmal der Pest, des schwarzen Todes.

Als bereits das halbe Land entvölkert war, fasste Prinz Prospero den Entschluss, sich und die Seinen mit tausend gesunden und wohlgemuten Freunden aus der Ritterschaft in eine ganz abgelegene, burgartig befestigte Abtei zurückzuziehen, um dort abzuwarten. Dank der hohen Mauern und der von innen zugeschmolzenen Türschlösser der Eisentore konnte keiner hinein- aber auch nicht herausgelangen. Hier konnten sie monatelang leben, bestens verproviantiert, an nichts war gespart, aller Art Annehmlichkeiten, Ablenkungen und Lustbarkeiten, Gaukler, Musikanten und Wein für schwelgende Feste. Alles bis ins Detail war vom Prinzen geplant und ersonnen, eines vom Typus her barocken Regenten, der einen ganz eigenen Geschmack hatte, immer auf Überraschungen aus und dabei erkennbar eine Neigung zum Übersteigerten, Grotesken und Bizarren zeigte. Einige hielten ihn schon fast für verrückt.

Einige Monate waren vergangen, da plante er für seine Gäste einen außergewöhnlichen Maskenball. Schon die Säle für dieses Fest waren etwas Besonderes. Es waren ihrer sieben, jedoch nicht in langer Flucht hintereinander, sondern von Saal zu Saal änderte sich die Richtung, sodass jeder Saal nur für sich betrachtet werden konnte, immer also eine neue Überraschung mit einbezog. Eine weitere Besonderheit dieses Festes war, dass die Säle alle in gänzlich unterschiedlichen Farben gehalten waren, einmal durch die Farben der Tapeten und kostbaren Vorhänge sowie der dort befindlichen Ausstattung, zum anderen durch die Farbe des Glases der jeweils zwei gotischen Fenster pro Saal, wobei die Fenster von außen durch Feuerfackeln auf Dreibeinen angestrahlt wurden, was dem Licht im Saale einen ganz eigenen, schillernden im Rhythmus der flackernden Flammen tanzenden Charakter gab, fast schon etwas mystisch.

Der Saal ganz im Osten hatte die Farbe blau, dann folgte der nächste Saal mit purpur, dann grün, orange, der fünfte weiß, der sechste violett und schließlich der letzte schwarz. Dieser siebte Raum war gänzlich in schwarze von der Decke hängende Samtvorhänge gehüllt, eine düstere, beklemmende Erhabenheit. Das Glas der beiden Fenster war blutrot und es warf durch die dahinter lodernden Fackeln ein ebensolches, gespenstisch wirkendes Licht auf den dunklen Samt.

So gut wie keiner der Gäste traute sich diesen Raum freiwillig zu betreten. Vor der westlichen Wand fand sich eine gigantische Standuhr aus Ebenholz mit dumpf schwingendem Pendel. Ihre wichtigste Funktion war, jede abgelaufene volle Stunde mit der Zahl ihrer Schläge anzuzeigen. Die Schläge hatten einen klaren, melodischen, aber nachhaltigen Klang, dem jeder mit der Miene des plötzlichen Erschreckens seine Aufmerksamkeit widmete und in der Posse, die er gerade einnahm, verharrte, ob als Tänzer oder Musiker, in einer merkwürdigen Starre, bis der letzte Ton verklungen war. Dann setzte die Musik und das Reden und Lachen der feiernden Schar wieder ein, und allerlei Lustbarkeiten und auch Lüsternes und regelrecht Abartiges wurden dargeboten. Alle waren maskiert, Gläser klirrten, und die

Feiergesellschaft wogte frivol von Saal zu Saal, bis zum nächsten Stundenschlagen. Ein rauschendes Fest!

Die Stunde war schon vorgerückt, als man die Gestalt mit der verstörenden Maske im östlichen, blauen Saal bemerkte, keiner hatte sie reinkommen sehen. Das Escheinungsbild des Eindringlings und besonders seine Maske lösten Entsetzen aus, eine Provokation, die die Grenze zum Frevel weit überschritten hatte. Von hoher Gestalt war er ganz in Grabtücher gewickelt, das Entsetzlichste aber war die genau modellierte Gesichtsmaske mit Blutspritzern gesprenkelt und auf der Stirn und im Gesicht die typischen scharlachroten Flecken. Es war die Maske des roten Todes! Wer mochte so tollkühn sein, so hier aufzutauchen? Wo er sich hinwandte, verstummte das Gespräch. Auch den Prinzen erfasste ein Grausen, als er ihn sah, doch seine Wut überwog. Mit lauter Stimme befahl er den Unbekannten zu ergreifen, damit man ihn am nächsten Morgen an der Zinne aufhängen könne! Doch keiner der angesprochenen Höflinge und Ritter sah sich, durch Grauen und Furcht gelähmt, in der Lage, den Fremden zu ergreifen. Sie wichen verstört mit den Feiernden zu beiden Seiten zurück, und die rote Maske durchschritt nun ungehindert Raum um Raum, um schließlich auch den schwarzen Saal mit seinem blutfarbenen Licht zu betreten.

Da entschloss sich der Prinz, getrieben von purem Entsetzen, Ekel, Verzweiflung und Mut, selbst zu handeln. Mit gezücktem Dolch stürmte er auf den Eindringling zu, der aber drehte sich im gleichen Augenblick zu ihm um, sah ihn an. Einen letzten Schrei stieß der Prinz aus, das Messer entglitt seinen Händen und tödlich getroffen sank er zu Boden. Da erst überwanden sich die Edelleute und wollten sich auf den Fremden werfen, ihm Tücher und Maske entreißen. Doch welches maßlose Grauen erfasste sie, als sie feststellten, dass sich dahinter gar kein Körper befand und dass sie ins Leere griffen! Sie taumelten und stürzten – und im selben Moment schlug die Uhr zur Mitternacht, zwölf dumpfe Schläge. Allen war jetzt unmissverständlich klar, die Abtei bot keinen Schutz und sie würden alle dasselbe Schicksal erleiden, das sie den Zurückgelassenen zugedacht hatten, dafür war die Pest selbst heute hier erschienen. Stöhnend und jammernd sanken alle dahin und starben. Von allem verblieb nur ein dunkles Chaos. Finsternis und Verfall und der rote Tod herrschten ohne Einschränkung über alles!

Der englische Originaltext von Poe endet mit den Worten: „Darknes and decay and the red death held illimitable dominion over all.“

Neue Zeiten

Europa, deine zergliederten Küsten verbanden die Völker,
und unter einem milden Himmel gedieh das Land.
Auch wenn du meintest, ständig Kriege führen zu müssen,
immer erreichten deine Häfen neue Gedanken und Güter,
und aus dem Austausch der Vielfalt erwuchs dir Macht.
Fast allseits von Meeren umgeben, ging dein Blick in die Ferne.

Fremde Mythen und die Namen von Göttern und Helden
waren das Erste, was uns aus der Ferne erreichte.
Wir schickten dorthin unsere Entdecker und Abenteurer,
denen folgten Händler, kirchliche Boten und Soldaten,
denn das Leben der Fremden war falsch in ihren Paradiesen.
Ihr Gold war teuflisch, ihre Schätze bedurften der Bekehrung.

Weil die Fremden uns diese Schätze nicht freiwillig gaben,
sie erkannten nicht das Gute, was gut für uns war,
mussten ihre Führer und ihre Könige weichen, und das Volk
musste lernen, wie richtig es ist, neuen Herren zu dienen,
und die Werte Europas, das Wachsen der Gewinne,
in ihren Ländern, jetzt Kolonien genannt, dankbar zu schätzen.

Und auch die Ideale des modernen Europas,
Demokratie und Fortschritt und Freiheit der Gedanken,
wurden weltweit verbreitet und mit Lippen bekannt.
Die die Macht besaßen, schmückten damit ihre Reden,
damit das Volk, betört von solchen Worten,
bloß nicht selbst nach diesen Werten verlangte.

Die Weltkugel im Gras

Unlängst hat es so geregnet,
alles wurde pitschenass,
und dabei ist mir begegnet
eine Weltkugel im Gras.

Eigentlich war nichts zu hören,
nur ein allerleichtes Plop!
Wie ein Deckbett auf das Laken
sank die Welt bis hin zum Stopp.

Suchend ging ich auf die Wiese –
lag da nicht etwas im Gras
Und es fanden sich die Augen,
und ich sah nun wirklich das:

Kleine Kugel, du bist blau,
Tennisball-Gewicht und Größe,
glatt sind sie, deine Konturen,
die vom feuchten Gras ich löse.

Atlasgleich so ist dein Bild
Und bemalt ist deine Rundung,
und das Schönste ist so klein
und entzieht sich der Befundung.

Tausend Sterne mögen kreisen,
kleiner Freund, ich danke dir!
Kamst vom Himmel du herab
bis hierher und bleibst bei mir!?

Ein neues Lied von Deutschland

Mit Deutschland tun wir Deutschen uns oft schwer, wohl eingedenk der Tatsache, welches Unrecht im Namen des Deutschen Volkes angerichtet worden ist. Die Geschichte hat uns aber nach dem Scheitern der Nazi-Diktatur und der Überwindung des Kalten Krieges und der Wiedervereinigung der beiden deutschen Staaten ein neues Vaterland geschenkt, das den Werten der Aufklärung und der Menschenrechts-Charta verpflichtet ist. Auch wenn das Zusammenwachsen zwischen Ost und West selbst 31 Jahre nach der Wiedervereinigung noch nicht abgeschlossen ist, ist dieses neue, demokratische Deutschland weltweit geachtet. Den programmatischen Ansporn von Frau Merkel im Rahme der ersten Flüchtlingskrise von 2015, „Wir schaffen das!“, hat es erfüllt. Hoffmann von Fallersleben, der Dichter des Liedes der Deutschen, möge mir verzeihen, wenn mir sein Gedicht eine Form bietet, um mit meinen Worten ergänzend das Bild von einem anderen, besseren Deutschland zu entwerfen, an das ich heute mehr denn je glauben möchte und das mir Heimat sein soll!

Deutschland, Deutschland, du hast alles
deinen Kindern stets gewährt,
Freiheit, Wohlstand, Schutz und Frieden,
was zum Leben sie begehrt.
Du bist reich und stark geworden,
gabst den Nachbarn deine Hand.
Dass du dich nicht stolz erhoben,
in der Welt viel Achtung fand.

Land der Dichter und der Denker,
der Romantik und Vernunft.
„Freude schöner Götterfunken",
stets sei deine Wiederkunft!
Bist durch Barbarei geläutert,
hinter dir liegt Krieg und Hass,
zeig der Welt dein bessres Erbe,
worauf immer noch Verlass!

Einigkeit und Recht und Freiheit
schufen neu das Vaterland,
uns zum Segen und zum Nutzen,
was uns mehr denn je verband.
Deine Sorge gelt den Bürgern,
denen, die dich aufgestellt,
und dem Menschenrecht für alle
auch da, wo der Schlagbaum fällt.

Deutschland, Deutschland über allen,
die dem Tod entronnen sind,
halte hoch der Freiheit Fackel,
stellt der Nachbar sich auch blind.
Handle nach den alten Werten,
sei ein starkes, kluges Land!
Und dann öffne deine Tore,
werd‘ dem Heimat, der dich fand!

Ein Schiff wird kommen

Da steht sie, die kleine Frau, am Hafen von Piräus vor den Toren Athens voller Sehnsucht und wartet auf all die fremden Schiffe, die hier einlaufen und die ihr doch den einen, den sie so liebt wie keinen, bringen möchten. Europa ist ihr Name, und sie selbst stammt aus dem Nahen Osten von der syrischen Küste. Der Grieche Zeus hat sie hierhergebracht, und doch ist sie in Gedanken immer noch im Osten, wo all die uralten Mythen und Vorstellungen, an die wir bis heute glauben, die Grundlagen menschlicher Kultur, ja selbst unsere Schrift herstammen.

Und die Schiffe, riesige Fährschiffe von den ägäischen Inseln, laufen ständig hier ein und entlassen tausende von Flüchtlingen aus Syrien, dem Irak, aus Afghanistan und anderen Ländern des Ostens, die oft nur ihre Haut, ihre dünne Kleidung und wenige Habseligkeiten in einer Plastiktüte vor den Verfolgern retten konnten, auf das europäische Festland. Der, auf den sie wartet, war bisher nicht darunter. Ströme von Menschen drängen an ihr vorbei, erschöpft, verzweifelt und doch voller Hoffnung, vielleicht ist manchmal auch ein Lächeln dabei.

Die Menschen ziehen weiter, und sie werden all ihre Kraft, ihre Hoffnung und ihre letzten Mittel brauchen, um auf einer Route voller Ablehnung, Widrigkeiten und Stacheldrahtzäunen weiter ins Zentrum, in die Festung Europa, das Ziel ihrer Sehnsucht, zu gelangen. Es sind Hunderttausende, es ist eine wahre Völkerwanderung, die in diesen Wochen nach Europa hineinwogt, und diese Völkerwanderung wird Europa wohl verändern am Ende einer Zeitphase europäischer Selbstfindung und Selbstbespiegelung wie einstmals das Römische Reich am Ende der Antike.

Termin bei Gott

Geschichte einer Begegnung

Es war an einem Dienstag schon spät im Jahr um 11.45 Uhr, als Gott mich zu sich hereinbat. „Herr Gott“ stand auf dem Schild an seiner Türe. Herrgott ... so las ich es. In diesem Moment fiel mir die Stelle aus dem Neuen Testament wieder ein: „Gott, der da wohnt in einem Licht, da niemand zukommen kann.“ Was hatte ich zu erwarten?

Die Einladung zu diesem Termin war sehr spontan und unerwartet erfolgt. Ein kurzes Schreiben mit einem schlichten Text. „Sehr geehrter Herr ... zur Besprechung und Klärung Ihrer durchaus ernsthaften Fragen und Anliegen bitte ich Sie, sich am ... bei mir in ... persönlich vorzustellen. Das Gespräch mit Ihnen ist mir durchaus wichtig. Unterschrift Gott.“

Die absendende Stelle war chiffriert, aber das Wort „Glaubensangelegenheiten“ tauchte auf. Das Ganze war in einer anderen Stadt mit einer existierenden Adresse, Telefon oder Fax waren nicht angegeben. Auch wenn mir das Gesamt-Arrangement unwirklich erschien, hatte ich mich darauf eingelassen, und ich wollte es einmal vorbehaltlos ausprobieren, um hernach zu urteilen und einzuordnen. Kurzum – nicht wie etwas in den rationalen Ablauf meines rationalen alltäglichen Lebens hineinpasste, interessierte mich primär, sondern wie die Inhalte dieser vielleicht sehr merkwürdigen Begegnung auf mich wirken würden. So war ich also real da und anwesend und hatte mich auch inhaltlich auf diese Begegnung vorbereitet. Während der längeren Wartezeit auf einem fast menschenleeren Flur war ich meinen Fragenkatalog noch mal durchgegangen. Verrückt, fast vermessen war die Idee, die Fragen meines ganzen Lebens zu gewichten und zu ordnen, aber ich wollte es versuchen!

Als sich die Türe seines Zimmers öffnete, kam er persönlich heraus und holte mich hinein in sein Zimmer. Ich gebe zu, ich war aufgeregt. Gottes Reich war ein Arbeitszimmer, hell und so gut wie ohne Dekoration, nicht mal ein Kreuz oder ein sonstiges religiöses Symbol. Nur die Lampe auf dem Schreibtisch in Gestalt einer Menora fiel ins Auge, auf der anderen Seite des Schreibtisches, so meine ich, habe ein PC gestanden. Sonstige größere Schränke oder Regale fielen mir nicht auf.

„Mussten Sie lange warten? Das können wir leider nicht immer beeinflussen. Aber jetzt sind Sie ja hier!“ Er lächelte ein wenig und bot mir Platz auf einem bequemen Stuhl an.

Ich versuchte, entspannt zu wirken, versuchte mich ebenfalls in einem Lächeln. Diesen Mann zu beschreiben, würde mir sehr schwerfallen, alles an ihm war so durchschnittlich, Größe, Gestalt, Aussehen, dass man ihn nur als gänzlich unauffällig bezeichnen konnte. Freundlich und aufmerksam saß er da und wirkte hinter seinem Tisch gleichzeitig so allgemein, Ansprechpartner für so viele, Unwillkürlich kam mir der Gedanke: Dieser ist derjenige, der deinen Fall bearbeitet!

Das Gespräch wurde von ihm ohne Umschweife eröffnet. „Ich glaube, mir sind Ihre Anliegen alle bekannt.“ Er legte seine Hand, die ich mir anders vorgestellt hatte, auf die vor ihm liegende Akte, gefüllt mit bedruckten Blättern. Schlanke Finger mit sehr gepflegten Fingernägeln. War diese Hand, ganz ohne Schwielen, die Hand eines Hirten, der seine Schafe hütet?

„Hier ist alles notiert, alle Bitten und Ihre Wünsche, alle Gebete. Fragen Sie doch! Und sie können reden, alles bleibt zwischen uns vertraulich.“

Seine direkte nicht zielgerichtete Frage irritierte mich. Wusste ich schon im Vorfeld nicht, wie ich angesichts der Fülle all meiner Fragen und Bedürfnisse das Gespräch mit ihm, wenn es denn zustande kam, beginnen sollte, fand ich jetzt in seiner Gegenwart gar keinen Anknüpfungspunkt. Ich hätte mir zunächst ein bisschen mehr zwanglose Konversation gewünscht, vielleicht um etwas vertrauter mit dieser ungewöhnlichen Situation zu werden und sie besser einschätzen zu können.

Obwohl seine hellen Augen mich zu durchdringen und alles zu sehen schienen, hatte er gesagt, er glaube, dass meine Anliegen ihm bekannt seien. Warum musste er sich bei so etwas aufs Glauben zurückziehen? Konnte und musste man als Gott nicht alles wissen?

Ich gab mir einen Ruck, um aus der Betrachterstarre herauszukommen. Bisher war ich seinem Blick eher ausgewichen, nun aber schickte ich mich an, mit Gott zu

Reden, aber zuvor bat ich um einige Blatt Papier und einen Stift, und er gab mir beides zusammen mit einer Schreibunterlage. Auf jedes von vier weißen Blättern hatte ich oben auf die Seite jeweils einen Begriff geschrieben, die Probleme des Menschseins schlechthin: Leid – Unrecht – Endlichkeit – Tod, darunter das Wort „warum" und darunter alle möglichen Assoziationen, die mir eingefallen waren.

Ich ließ es ihn lesen und fragte dann: „Gott, Herr Gott, ich brauche unbedingt eine Antwort auf die Frage, warum Sie diese vier Geißeln auf Erden so uneingeschränkt agieren und manchmal richtiggehend wüten lassen! Und warum die nicht direkt Betroffenen meist keine Chance haben, auch nur ein bisschen zur Linderung beizutragen."

So weit gefasst wie seine Einladung zum Fragen, so umfassend und allgemein fasste ich die Frage, und dies hätte manchen Sachbearbeiter, Ratgeber und Spezialisten unwillig oder fassungslos gemacht. Nicht aber Gott. Wer so weitschweifend und theoretisch fragt, muss auch mit einer ebensolchen Antwort rechnen. Gott führte weit aus, aber er referierte mit einfachen klaren Sätzen.

Der Kern seiner Antwort war der: Der Mensch war nicht der geblieben, als der er geschaffen war, nicht mehr göttlich oder gottähnlich, eine Idealform geschöpflichen Lebens und geschöpflicher Weiterentwicklung. Er hatte durch eigenes, eigenwilliges Bestreben diesen Bereich verlassen und sich freiwillig in eine andere Dimension geringerer Vollkommenheit in die von Gegensätzen bestimmte irdische Welt begeben, um darin zu leben. Die Folge war, dass er fortan auch ihren Gesetzen unterworfen war, dem Gewinnen und Verlieren, dem Werden und Vergehen, dem Fressen und gefressen werden, dem Leben wie dem Tod, Gut und Böse. Überwinden ließ sich dieses zyklische und gut funktionierende, aber erbarmungslose System letztlich nur durch Verlassen desselben und Rückkehr zur eigentlichen Bestimmung. Der Mensch zuvorderst als Pendler zwischen zwei Systemen braucht dafür Erkenntnis, Einsicht und – Erlösung!

Ich hatte mir so viele unbeantwortete Fragen und Einwände überlegt. Die gesamte Menschheitsgeschichte war für mich ein einziger Fragenkatalog. Wie konnte Gott dies und jenes zulassen, wo war er, als das geschah? Gott wirkte ruhig trotz aller Einwände, nicht selbstgerecht, schien oftmals sehr betroffen durch meine Fragen. Mit großer Kenntnis verdeutlichte er mir das Wesen und Gedankengut der Weltreligionen, der Naturreligionen und von philosophischen Weltbildern, und er zeigte die Konvergenz und den Zusammenfluss all dieser Vorstellungen in ihrer letztendlichen Bedeutung für den Menschen auf.

„Sehen Sie, letztlich sind alle Religionen und Philosophien Angebote und Hilfestellungen für den Menschen, das reale Umfeld mit all seinen Zwängen und seiner innewohnenden Not zu überwinden, um es entweder mit einem neuen Bewusstsein zu ertragen und so weit wie möglich positiv zu verändern, oder es irgendwann dauerhaft zu verlassen, durch Absonderung, Meditation, Wanderung nach innen schon zu Lebzeiten oder dauerhaft nach Ablauf seines irdischen Lebens. Religion ist immer eine Art Erlösung für den Einzelnen. Sei es das Erkennen und Annehmen noch vorhandener göttlicher Wirkprinzipien und Impulse in der Welt oder einer Hilfe von außen, etwa einer Offenbarung, oder in der Person des in die Welt gesandten Jesus Christus."

Mir fiel auf, dass Gott fast nie das Wort „ich" benutzte, obwohl er doch offensichtlich auch von sich und seinem Walten sprach. Trotz der Klarheit seiner Ausführungen merkte ich, wie er bisweilen um besondere Formulierungen rang.

„Hätten Sie die Welt nicht einfach besser schaffen können, mit Gesetzmäßigkeiten, die nicht zwangsläufig so viel Leid zur Folge haben wie z.B. Katastrophen oder menschliche Fehlentscheidungen?"

„Diese Frage wird immer wieder neu gestellt. Zweierlei ist dazu zu sagen. Die Schöpfung, der gewaltige Kosmos und die Natur wurden so geschaffen, dass sie nach wohl ausgewogenen Regeln und Gesetzen funktionieren. Das Ganze ist ein zutiefst perfektes System, aufgebaut auf den Wirkprinzipien der Energie und ihrem Fluss, ein grandioses Panorama und Spektakel. Vielleicht wurde es sogar zur Freude Gottes geschaffen! Energie ist die Triebkraft des Lebens, und es ist ihr eigen, dass sie ihre Zustandsformen immer wieder verändert. Das gilt im Großen, kosmisch gesehen, genauso wie auf dieser Welt, und das bedingt das Erscheinen von gewaltigen

Kräften, die Veränderungen schaffen. Sterne entstehen und verlöschen, Galaxien ändern sich. Und auf der Erde, die als nur kleiner Planet erst recht diesem kosmischen Walten unterworfen ist, finden auch gewaltige Ereignisse statt nach den Gesetzen der Natur. Vulkanausbrüche, die Verschiebung von Erdplatten, Entstehung und Rückzug der Meere, Eiszeiten und Tropenklima, Überschwemmungen und Dürren, Werden und Vergehen sind zutiefst so gewollt und sind per se nicht gut oder böse.

Gut und böse kommen andererseits erst mit dem von Gott dem Menschen geschenkten freien Willen ins Spiel. Man muss eingestehen: Vielleicht wurde der Mensch da überschätzt! Er sollte als Geschöpf ein Partner Gottes sein, der nur gewisse Grundregeln beachten musste – dann hätte es anders funktioniert. Aber er sann sehr bald schon dank seines freien Willens auf seinen Eigennutz, übertrat die Regeln, und das Göttliche und das Menschliche trennten sich. Mit diesem Egoismus aber kamen Neid, Hass, Ausbeutung und Feindschaft in die Welt. Darin liegt des Übels Wurzel. Und die Menschheit trägt durch ihr Verhalten zur weiteren Ruinierung der Erde bei. Die unzähligen kleinen und großen Katastrophen auf dieser Welt, auch zwischenmenschlicher Art, folgen nicht mehr nur Naturgesetzen, moralisch sind sie meist auch menschlicher Schuld anzulasten."

„Und was ist mit der Liebe, liebt Gott diese oft armselige Welt?"

„Ja, bringen Sie der Welt Liebe entgegen, dann ist Gottes Liebe in der Welt!"

Diese Gedanken waren mir natürlich nicht unvertraut, aber ich hatte mir doch noch eine andere, weitergehende Antwort von ihm erhofft. Gab es nicht eine höhere Weisheit, die eine völlig andere Wertung beim Blick auf die komplexen

Probleme menschlicher Existenz ermöglichte? Eine solche, die dem Erdenleben mehr Gewicht beimaß als der Verweigerung und Überwindung desselben? Ich dachte, wie ein Mensch denkt, und ertappte mich dabei, Gott vorzuwerfen, dass seine Sicht sich nicht ganz mit meiner Erwartungshaltung deckte.

Dann hörte ich Gott etwas sagen, was mich aufmerken ließ. „Ich werde für alles verantwortlich gemacht, was schwierig ist, nicht gut läuft, sogar für das, was der Mensch von seinem Verstand her nicht versteht oder sich nicht vorstellen kann – und glauben Sie mir: Ich tue, was ich kann, und alle, die guten Willens sind, tun, was sie können, um zu helfen. Verstehen Sie bitte, wir agieren menschlich, sehr menschlich, weil wir hier sind. Letztlich ist Gott aber bereit, die letzte Verantwortung für das, was geschieht, zu übernehmen.“

Zum ersten Mal hatte er Sätze mit ich begonnen. „Ich werde verantwortlich gemacht …“ und „ich tue, was ich kann“, um danach wieder in die Wir-Form zu wechseln. Wollte er um Mitleid bitten? Menschelte er, wenn es um seine göttliche Verantwortung ging? Wen bezog er mit ein, wenn er die „Wir“-Form gebrauchte? Wer waren „wir“?

Er hatte meine Akte aufgeschlagen. Darin sah ich eine lange ausgedruckte Liste über etliche Seiten. „Das sind alle Ihre Gebete – rufe mich an in der Not. Alle Ihre Anliegen sind hier notiert, alle Ihre Bitten und Fürbitten und auch Ihr Danken. Sie führen eine rege Konversation mit Gott.“

„Ja, und ich bin erfreut, dass es so ist. Der Kontakt ist mir wichtiger als Erfüllung von Gebeten“, hörte ich mich sagen, und ich fragte mich in diesem Augenblick, woher er alle diese meine Gedanken kannte.

„Bewegt Sie zurzeit ein Anliegen ganz besonders?“

„Die Welt hat so viele Baustellen, und manchmal bin ich so müde.“

„Haben Sie einen Gewinn von diesen Zwiesprachen und Gebeten gehabt?“

„Ich glaube ja, ich bin nicht alleine, wo immer ich auch bin.“

„Das glaube ich auch so – ich kann es bestätigen.“ Er lächelte mir zu.

Wir schwiegen einen Moment. Auf seiner Stirn waren vereinzelt kleine Schweißtröpfchen zu sehen. Für einen Moment hatte er die Augen geschlossen. Hinter ihm an der Wand hingen zwei kleine, etwas blasse Bilder, die mir jetzt erst näher auffielen. Eines zeigte eine Brücke über einem Fluss, es war die Karlsbrücke über der Moldau in Prag. Das andere war ein Gemälde, das hintereinanderliegende bewaldete Berge und Hügel zeigte. Diese Bilder berührten mich eigenartig, sie gaben dem sonst so schmucklosen Zimmer einen besonderen Ausdruck, den ich nicht genau zu beschreiben vermochte.

„Darf ich Sie etwas fragen?“ Ganz plötzlich entfuhr mir diese Frage, mitten in die Stille hinein, ich war selbst etwas erschrocken. „Was glauben Sie denn? Was glaubt Gott? Was glauben Sie, Herr Gott?“

Er sah mich an, seine Augen waren nicht hell, wie sie mir anfänglich erschienen, sie waren dunkel. Seine Haare waren dunkel mit einem allerersten Grauschimmer durchwirkt. Er neigte sich etwas vor, dann öffnete er eine Schublade seines Schreibtisches und holte ein flaches Holzkästchen heraus.

„Sie haben sich die Bilder an der Wand angesehen? Das sind Bilder aus meiner böhmischen Heimat. Ich stamme aus Pardubice in Tschechien an der oberen Elbe. Mein Name ist Simon Gott. Der größte Teil meiner jüdischen Familie ist im

KZ umgekommen, die einzigen Fotografien von ihnen, die mir verblieben sind, habe ich hier in dieser kleinen Holzschachtel aufbewahrt. Ich weiß nicht zu sagen, ob der Gott Moses und aller Väter innerhalb oder außerhalb von ihr ist. Was ich glaube, wollen Sie wissen? Nun, ich habe keine Probleme mit dem Glauben. Ich bin Atheist.“

Eine Musik für die gequälte Welt

Rohe Exekutions-Routine in einer römischen Provinz weit im Osten, zwei Banditen und ein Volksaufwiegler werden gekreuzigt. Ans mittlere Kreuz genagelt der Aufwiegler, vor Schmerzen stöhnend und um Luft ringend. Die archaische Grausamkeit empört, wie viel weniger grausam ist unsere Welt? Unten am Kreuz steht auch seine Mutter Maria, immer wieder sieht sie hinauf. „Stabat Mater“ – „Es stand eine Mutter“ am Kreuz. Jesus quält sich hier in den Tod, der dunkelste Punkt seines Lebens ist zugleich die Geburtsstunde des Christentums. Über dieses Leiden des Sohnes Jesus und Mitleiden seiner Mutter hat Karl Jenkins zur textlichen Vorgabe eines alten Passionsgedichtes seine gleichnamige Komposition geschrieben, die aber jetzt universell dem Leiden aller Mütter und dem ihrer Kinder, dem Leiden weltweit, gilt. Eine Musik für die gequälte Welt.

Ein textlich gefühlvolles, religiöses Werk. Gespannt warteten die Zuhörer in der vollen Kirche Neu St. Thomae auf den Beginn der schon als außergewöhnlich angekündigten „Stabat Mater“ unter Leitung von Michael Busch. Als Laie nur gebe ich meine Eindrücke wieder. Es begann und rollte wie eine gewaltige, musikalische Woge auf uns zu, eine wundersame Musik, klassisch vertraut, jedoch von Anfang an unterlegt von einem modernen Rhythmus wie ein Rockstück. Noch nie hatte ich dergleichen gehört. Zwölf Sätze lang, auch ruhiger werdend, empfindsam, orientalisches Klagen mit der traditionellen Schilfrohr-Flöte und persischer Gesang, tiefstes Leid auslotend, „now my life is only weeping“. Dann wieder zunehmend lauter der gewaltige Chor und das Orchester mit einer polyphonen Harmonie, alt und modern bis zum grandiosen Finale, nicht mehr steigerungsfähig,

Schwerarbeit für alle. „Intravenös“ schrieb jemand, ging die Musik, durchströmend, um beim abschließenden „Paradisi Gloria“ alle unsere Emotionen und Hoffnungen in einem symphonischen Klang zu bündeln, alles mit allem verschmelzend. So war's ja auch gemeint, eine Wurzel nur für Orient und Okzident, am Ende der Sieg der Liebe, ein Aufschrei gerichtet an des Himmels Seligkeit. Amen, Alleluja!

Ein psychodelischer und auch religiöser Trip, wie man's will, nur mittels der Droge Musik. Begeistert, gedanklich in der Welt doch auch irgendwie von der Welt so verließ ich die Kirche. Was war das, Weltmusik, eine neue Form der Konversation und weltweiten Verstehens? Musik unerhörten Ausmaßes, bisher ungehört. Unendlichen Dank an Herrn Busch und alle Akteure, mehr geht nicht, nicht nur in Soest ...

Elvis in my mind

Wohl die meisten Menschen in unserem Land, die auf die Fünfziger- bis Siebziger-Jahre des letzten Jahrhunderts als ihre Jugendzeit zurückschauen, haben seine Musik, seine Songs, die er mit seiner so unnachahmlich emotionsgeladenen, etwas nasalen Stimme mit Südstaatenakzent und voller einschmeichelndem Schmalz vortrug, gehört – und geliebt. Die große Mehrheit dieser zumeist jugendlichen Hörer vor den Radios oder den Plattenspielern ebenso wie auch in Diskotheken oder vor den Musikboxen in den Gaststätten, wo man als Gast nach Einwurf eines Geldstückes die Platte mit seinem Lieblingssong auswählen konnte, der dann im ganzen Lokal erklang, dürfte sich mit dem Elvis-Presley-Sound unzählige Male weggeträumt oder -getanzt und weggerockt haben von den eigenen Nöten des Erwachsenwerdens in einer spießigen Gesellschaft, die erst ganz allmählich ihren Weg weg von den Schatten der Vergangenheit fand.

Dies ist aber keine Elvis-Presley-Replik. Dass er der King of Rock'n'Roll war, ist unbestreitbar. Auch für mich ist er so etwas wie die Nummer eins der modernen Musik, der Rock- und Pop-Musik, geworden und geblieben. Es war nicht die Musik meiner Eltern, und zu Hause wurden andere Platten aufgelegt, aber wenn ich mit meinem Transistorradio allein war und es eng ans Ohr hielt, dann konnte ich den King so hören, wie ich es brauchte und wollte. Ja, danke, Elvis, du hast deine Songs auch für mich gesungen – „You are always in my mind!"

Mittlerweile sind viele Jahre, Jahrzehnte, vergangen, und wir sind entsprechend älter, vielleicht alt geworden. Auch bei dem „King" liegt zwischen dem ersten erfolgreichen Song „That's alright mama" und dem letzten Lied, das er bei seinem letzten Auftritt kurz vor seinem Tod 1977 in der „Market Square Arena“ in Indianapolis sang, ein umfassendes Leben als Sänger und Künstler. Dieser letzte Song mit dem Titel „Can't help falling in love with you“, getextet von G. D. Weiss und L. Creatore mit der Melodie von H. Peretti (1961), ist für mich von besonderem Wert. Mögen manche sie vielleicht für zu schmalzig oder gar als kitschig empfinden, für mich ist es eine wunderschöne, anrührende und sehr persönliche Liebeserklärung – vielleicht sogar die Liebeserklärung der Pop- und Rockmusik schlechthin.

Ich höre dieses Lied auch heute noch immer mal wieder, und manchmal nistet es sich für einen ganzen Tag wie ein Ohrwurm bei mir ein. Und immer, wenn ich diesen Song höre oder ihn auch mitsumme, denke ich an die Frau, der diese Erklärung einmal galt.

Ende des Sommers

Nur eine sanfte Brise begrüßt den Spaziergänger auf der Promenade. Der blau-graue Himmel hat die milchige Sonne verschluckt. Ein breiter, leerer Sandstrand, dahinter der Ozean, von gleicher Farbe wie der Himmel und langweilig glatt. Auf der anderen Seite ein in die Jahre gekommener Vergnügungspark mit dem Charme eines Montagmorgens.

Quietschende Karussells, ratternde Loopingbahnen, ein altmodisches Riesenrad, blinkende Reklametafeln für Eis und Hotdogs, Losbuden. Im Hintergrund gesichtslose Wohnhochhäuser. Einige Kinder in den Karussells, eine Gruppe scherzender Latinos, ein Mann mit riesiger Sonnenbrille, der die Sonne sucht, vereinzelte Strandläufer, Angler auf der Pier. „Charascho!", sie sprechen Russisch, ebenso die beiden Damen, die aufs Meer schauen.

Ganz im Süden von New York, in Süd-Brooklyn, reicht die Stadt direkt an den Atlantik heran. Die Glanzzeit waren die Fünfziger-, Sechziger-Jahre, als die New Yorker im Sommer aus der stickigen Stadt flohen und mit der U-Bahn für einen „Nickel" bis dort runterfuhren, um ihre Nachmittage am Meer zu verbringen. Die Zeiten sind lange vorbei, andere Ziele sind „in". Es kommen immer noch etliche Besucher, aber weniger Badegäste, eher Touristen, die nur einmal schauen wollen. Jetzt ist es schon September, die Badesaison ist vorbei, Stille ist eingezogen – und eine Art Melancholie.

New York, die vibrierende Metropole, ist eine Einwandererstadt. Die meisten aber sind weitergezogen ins gelobte Land der Freien. Hier an der Ostküste geblieben sind die vom Heimweh Festgehaltenen, durch den Ozean verbunden mit der alten Welt und dem fernen Mütterchen Russland. Sie haben die Heimat mitgenommen in die neue Welt und sie hier wiedergefunden. Zunehmend hört man Spanisch, vor allem aber immer noch Russisch. Das Viertel „Little Odesssa by the sea“ (Klein Odessa am Meer) ist nicht weit mit seinen russischen Geschäften und Restaurants, keine Nobellokale, Stätten des einfachen Volkes. Hier leben und träumen sie ihr osteuropäisches Leben mit einem kräftigen Schuss Amerika.

Am Himmel zieht schon der Vogelzug nach Süden, kein Vogel fliegt nach Osten übers Meer, nur die Metallvögel der Airlines. Weit draußen ziehen die Schiffe, fast nur noch Frachtschiffe passieren die Verrazano-Narrows-Bridge, die Zeit der großen transatlantischen Passagierdampfer ist längst abgelaufen.

Nach Osten aber schweifen die Gedanken der älteren Damen und Herren auf den Bänken an der Promenade, eine Sehnsucht, geschminkt und blondiert, nach einem Leben, das sie vielleicht gar nicht mehr kennen und das immer mehr verrinnt, nach einer Jugend, die lange vorbei ist, so wie der Sommer vorüber gegangen ist – hier am Strand von Coney Island.

Verneigen

War Advent die Wartezeit
auf das höchste von den Festen,
heißt es heute, seid bereit,
lasst uns mal das Feiern testen.

Was mag Weihnachten noch bringen
In dem langen Lichterreigen?
Es wird ihn zu Ende singen
und sich dann ganz still verneigen.

Erotikland – Ihre Bestellung ist hier angekommen!

In unserm Briefkasten lag seit gestern ein Benachrichtigungszettel von der Post. „Paketsendung für Sie beim Nachbarn abgegeben. Datum …“. Nur bei welchem Nachbarn? Keiner unserer Mitbewohner hatte sich den ganzen Tag über bei uns gemeldet. Der Besitzer des großen Hauses vorne an der Straße war im Urlaub – dann kam als Nachbar für uns nur noch das Haus daneben mit großen Schaufenstern zur Straße in Frage. Vorher war hier ein Schuhgeschäft gewesen, seit einigen Jahren aber befindet sich dort ein Erotik-Fachgeschäft namens „Erotikland“ – das einzige der Stadt? Der Eingang ist von der Straßenseite, einen Hinterausgang kenne ich nicht. Während vor dem Kinderschuhladen eher die Mama mal stehen blieb und das Kind weiterdrängte, ist es bei der neuen Art Laden umgekehrt, dass Kinder verwundert stehen bleiben und fragen: „Mama, was ist das?“, während die Mama die Kinder zum Weitergehen drängt.

Der Laden liegt direkt an einer der Hauptadern des in die Innenstadt strömenden Verkehrs, viele Fußgänger kommen vorbei. Die Geschäftslage ist es zwar keine 1A- oder 1B-Lage, aber für ein solches Fachgeschäft, besser unter „Sex-Shop“ bekannt, liegt es schon ungewöhnlich zentral. Mag man auch immer betonen, dass heutzutage der Umgang mit Sexualität ein anderer und freierer sei, wird dennoch der Umgang mit diesem ganzen Bereich auch heute noch wie zu allen Zeiten von Schamgefühlen und Heimlichkeiten geprägt. Mit zunehmender Freizügigkeit wird der Kick größer, alles aber auch eine Spur verruchter, und dennoch war dies hier nicht das, was man unter dem Begriff „Rotlichtviertel“ versteht. Die Ansicht ist irrig, es gäbe hier im Wesentlichen halt das, was Man(n) so braucht; Männer wie Frauen suchen den

Laden auf! Die Besucher sind recht gemischt: Es mag den hochnotpeinlichen Besucher, der diesen Ort hinter dem eigenen Rücken aufsucht, noch geben, die meisten scheinen den Ort hier eher unbekümmert aufzusuchen, wie z.B. junge Paare, die die Schaufenster betrachten und dann einfach reinschauen oder auch den älteren Mann, der sein Rad abstellt, abschließt und ganz ohne Scheu den Shop betritt. Und für Paketzusteller schließlich, die diesen Laden regelmäßig beliefern, ist es einfacher, bei Nichterreichen des Empfängers Pakete und Päckchen hier in nachbarschaftlicher Nähe abzuliefern, statt mit eventuell schwerer Fracht empfangsbereite Nachbarn zu finden. Und so war es auch dem von uns bestellten Weinflaschenkontingent ergangen, es war hier im Sex-Shop gelandet! Ich gebe zu, ich hatte damit ein Problem, für mich war's primär ein No-Go-Ort!

Sprach ich die Sache irgendwo an, erntete ich ein süffisantes Grinsen und ironische Bemerkungen wie „Tja" und so weiter und so fort. Meine Frau dagegen, die ja die Bestellung aufgegeben hatte, sah die Sache ganz nüchtern. Sie war mittags selbst in dem Laden gewesen und hatte nach einer für uns bestimmten Weinzusendung gefragt.

„Ja, Ihre bestellte Flaschenzusendung wurde hier für Sie abgegeben", antwortete eine freundliche Verkäuferin, „Sie können sie jederzeit hier abholen."

„Das machen wir gleich, mit Sackkarre!", hatte meine Frau entschieden.

Nun also waren Zeit und Stunde gekommen! Der Tag war sommerlich und warm, die Leute waren draußen und unterwegs. Ich war gerade von der Arbeit aus der Klinik gekommen. Meine Frau hatte darauf gewartet, damit ich ihr beim Transport der schweren Kisten mit der Sackkarre helfen könnte. Von ihrer dynamischen Gestimmtheit fand sich bei mir so gar nichts! Ich, berufsbedingt kein Unbekannter, würde in den Staub der öffentlichen Meinung geworfen als einer, der bei einem moralischen Fehltritt ertappt wurde. Ich holte die Sackkarre aus dem Keller, meine Frau schob das ratternde Gerät zur Straße, ich, bloß um Ausflüchte bemüht, aber ohne einen Funken von Mut oder Couragiertheit, trottete hinterher. Für eine Packung „Unsichtbar" hätte ich alles gegeben!

„Weißt du, ich würde ja …" Mit solchen oder ähnlich beginnenden Sätzen hatte ich versucht, ihr meine Vorbehalte nahezubringen. Sie blieb pragmatisch und stur. „Wenn du dich nicht traust, dann gehe ich allein in den Laden!" Das war nicht mal spitz gemeint und sagte doch alles aus.

Da, wo unser kleiner Zuweg die Hauptstraße erreichte, standen ausgerechnet zwei Männer und zwei Frauen im Gespräch. Sie machten keine Anstalten zu gehen. Das hieß, sie würden all das hier direkt mitkriegen! Hier verließ mich jeder Mut. Meine Frau schaute sich spöttisch nach mir um, ich meine so etwas wie „feige Socke" oder Ähnliches vernommen zu haben. Dann ging sie selbstbewusst allein mit der Sackkarre zum Eingang des Erotik-Shops, öffnete die Türe und verschwand mit Sackkarre darin. Diesen Moment habe ich gefürchtet! Alle glotzen: Hast du das gesehen – mit Sackkarre in den Sex-Shop!

Ich war mehr oder weniger inexistent. Endlos schien mir die Zeit, bis sich die Türe wieder öffnete. Eine junge Frau hielt sie auf und es erschien zuerst die Sackkarre mit zwei großen Kisten beladen und dann meine Frau, die die ausbalancierte Last schob. „Vielen, vielen Dank!", hörte ich und ein Lachen und so etwas wie „kommen Sie heile an!", und schon schob meine Frau die Karre mit der klirrenden Fracht auf mich zu. Keiner glotzte, keine Passanten, die stehengeblieben wären, keine johlenden Zuschauer, nichts von meinen Fantasien! Die beiden Ehepaare verhielten sich völlig unauffällig, schauten kurz belustigt hin und redeten weiter. Etwas Banaleres als die überlaut gestellte Frage an meine Frau, „Na, hat das alles gut geklappt mit dem Wein, sind die Flaschen die richtigen?“, fiel mir nicht ein. Angesichts der schweren Last war ich jetzt als Mann gefordert und übernahm selbstverständlich die Karre.

Verständnislos schüttelte meine Frau den Kopf. „Die Flaschen sind alle beisammen!“, sagte sie.

Ich sah sie an, sah die beiden Kisten und plötzlich schämte ich mich …

Es brennt!

Schön brennt der Baum!
Wie schön der Tannenbaum erstrahlt,
wenn alle seine Kerzen brennen.
Ein Bild, tief in das Herz gemalt,
ein jeder mag dergleichen kennen.

Mit seinem weichen, milden Schein,
macht es das Herz uns warm,
es lässt uns beieinander sein,
still schmelzen Kummer weg und Harm.

Das Affenhaus, es brennt!
Es war in einer solchen Nacht,
vom Himmel her das Feuer kam,
das dort im Zoo den Brand entfacht,
den Affen jede Chance nahm.

Das Affenhaus brennt lichterloh,
vor diesem Brand gab‘s kein Entrinnen.
Den Käfigen kein Tier entfloh,
dem Tod im Glutofen dort drinnen.

Das Land verbrennt!
Und eine ähnlich heiße Glut
In Ost-Australien zieht durch‘s Land.
Ein Brand von ungeheurer Wut
treibt Flüchtende schon an den Strand!

Den Buschbrand, jedes Maß verloren,
als Feuerwalze treibt der Wind.
In breiter Front brennt‘s vor den Toren
der Küstenstädte, die (noch) sind.

Wir brennen!
Der Mensch vom Feuer wird begleitet,
das half ihm auch zu überleben.
Weh, wenn der Funke fehlgeleitet –
die Urgewalt verbrennt das Leben!

Und irritiert, bewegt, betroffen
vom Leben, das so sehr gefährlich,
muss man sich eingesteh’n ganz offen:
Wer nicht aus Fehlern lernt, der wird entbehrlich!

Exaudi – Imagine

Hör doch und stell dir einmal vor – so könnte man die beiden Worte der Überschrift übersetzen. „Exaudi" ist das erste Wort von Ps. 27, Vers 7 in lateinischer Sprache, der als ein Hilferuf an Gott ins Deutsche übersetzt wie folgt klingt: „Herr, höre doch meine Stimme, wenn ich rufe, sei mir gnädig und erhöre mich!" Die Kirche benannte den Sonntag vor Pfingsten „Exaudi". Er sollte schon auf das nahe Pfingstgeschehen mit der spektakulären Ausgießung des „Heiligen Geistes" in Jerusalem hinweisen, der seine nach der Hinrichtung Jesu allein gelassenen Anhänger in der Richtigkeit ihres Tun bestärken sollte durch die Botschaft von Gottes grenzenloser Liebe.

Exaudi, Herr, zu allen Zeiten haben Menschen dich angefleht. Wenn deine Liebe so machtvoll ist, wie Jesus behauptet, warum hat sie es dann nicht geschafft, die Welt in zweitausend Jahren zum Guten hin zu verändern? Wie viel Leid hat stattdessen des Menschen Herz zerfressen, hat sich in seinen Genen gespeichert! Und du schwiegst und schweigst? Sind da asiatische Heilslehren nicht friedensstiftender, die auf dem Weg bis zum Eintauchen ins Nirwana den Weg als Ziel sehen und die Kunst des Verweilens ganz entspannend einüben, ohne die erzwungene, stets zielorientierte Strenge. Im Gegensatz zum Monotheismus ist Indien ein wahres Brutgebiet für Ideen und für Götter und Lebensgenuss.

John Lennon, der vielleicht poetischste, aber auch ausgeflippteste der vier Ex-Beatles, trug die Sehnsüchte und den Aufbruchwillen einer ganzen Generation in sich. Als einer ihrer Protagonisten schuf er unter dem Einfluss von Drogen und anderen Erfahrungen berührende Musikstücke, u.a. auch das wunderbare, kontemplative „Imagine" von 1971, die mindestens so viel für den Erhalt des Friedens und der Toleranz hier auf Erden getan haben wie manche Armee. „Make Love not War“ – Ich war damals pietistischer Ignorant. John Lennon war kein Christ, hat auch Verstörendes dazu gesagt, er war eine Ikone einer neuen Zeit. Aber er wusste auch, dass bevor auf der Welt Frieden herrscht, das Ringen um die richtige Methode und den richtigen Himmel, Denkart oder Religion zu Ende sein müssen! „Imagine“ – stell dir einmal vor, so fängt das wunderbare Stück an. „Imagine, there's no heaven, it's easy, if you try ...“ „Stell dir vor, da ist kein Himmel, es ist einfach, wenn du's versuchst…“ Sie sollten sich unbedingt in einer Zeit tiefer Verunsicherung das schöne Lied noch mal anhören, es wird Sie erneut berühren. Es endet „I hope some day you join us, and the world will live with us” … „Ich hoffe, du schließt dich eines Tages uns an, und die Welt wird eins sein …“. Frieden auf Erden – es bleibt ein Traum, unersetzlich! Ein Traum der tausend Schritte, jeder Schritt ein Sieg des freien Geistes über die Ignoranz des unbeweglichen Dogmas!

Frühlingsblühen

Forsythien-Gelb, Kirschblüten-Rosa –
so sieht sie aus, des Frühlings Prosa.
Ich schreib dazu mit Poesie
mir eine Frühlingsmelodie!

Und diese Weise sehr beschwingt
den Neuanfang so schön besingt.
Von Lebensmühsal oft betroffen,
lässt mich der Frühling wieder hoffen!

Gedanken zum Jahreswechsel 2018/19

Eine Heimat irgendwo finden oder haben.
Die Zyklen des Jahres erleben und sich daran freuen.
Die Kinder und Kindeskinder aufwachsen und aufbrechen sehen.
Vergangenes nicht ganz vergessen, Gedanken finden, die tragen.
Mit Vertrautem, mit Verbindlichkeiten und mit der Endlichkeit leben.
Die verrinnende Zeit spüren, Jahre und Kräfte, die schwinden.
Selbst aufbrechen und gehen, wenn die Zeit gekommen ist.

Westküstenland

Heimwärts, Kurs auf Büsum nimmt der Kutter,
Sturm fegt über Dithmarschen dahin.
„Gleich zu Haus was Deftiges mit Speck und Butter“,
junge Leute haben Hamburg mehr im Sinn!

Holländer warb man her als Kolonisten,
diese schufen Holland sich in Eiderstedt.
Nach Peter-Ording zieht es die Touristen,
außer Strand gibt es dort oft ein letztes Bett!

Ringen mit dem „Blanken Hans“, der See, ist schwer,
Inseln, Deiche und die Marschen sind entstanden.
Gibt es denn, Herr Storm, die graue Stadt nicht mehr,
nur noch Sylt – und Husum kam abhanden?

Weiter, flacher Horizont, so weit das Auge reicht,
Katen ducken tief sich unterm Wind.
Draußen rauscht das Meer, das kommt und weicht,
spröde, so, wie hier die Menschen sind.

Wenn der Sommer endet, reisen ab die Gäste,
in den Süden flog bereits der erste Vogelzug.
Herbstwind treibt am Himmel Wolkenburgen und -paläste,
die dies freie Bauernland auf Erden nie ertrug!

Götterfreie Zone

Er muss es gewusst haben, einer von seinem Kaliber weiß so was. Ausgerechnet an dem Ort, der sich in Anlehnung an ein Sartre-Zitat gerne als aufgeklärte, götterfreie Zone betrachtete, wollte er ein Bier trinken. Der Zutritt war keinem verwehrt. Von seinem Aussehen her konnte keiner auf Gott oder einen der Götter schließen – wie sehen Götter eigentlich aus? Also ging er hin.

Für einen Wochenabend war das Café sehr gut besucht. Dieser so ansprechend gestaltete Raum mit seinen Bildern gefiel auch ihm. Er stellte sich irgendwo dazu an einen Stehtisch, alles war freundlich und unkompliziert, auch das gezapfte Bier, das die Kellnerin ihm prompt servierte.

Ein Ort bester Kneipenkultur, ideal für Kneipengänger, Fans und Diskutanten, offen für alle und herzlich. Die Leute mit besonderer Affinität zu diesem Ort, die Kerntruppe sozusagen, saßen mehr an der Theke. Rundherum der übliche Kneipentalk, von Belanglosem bis zu ernsthaften Themen. Just am Nachbartisch diskutierten drei Männer über Tod, Hoffnung und über Gott.

Die alten Götter hatten hier keine Dependance, waren aus den Köpfen der meisten entschwunden und mit ihnen fast alle Mythen. Allenfalls Parodien der Götter hatten hier noch Überlebenschancen, z.B. der Fußballgott. Paul Sartre hat nicht ganz Unrecht mit dem Sterben der Götter, an die keiner mehr glaubt. Es war ein ehrlicher, rational ausgefegter Raum ohne Brimborium entstanden, eine götterfreie Zone. Aber weder das von Sartre propagierte Nichts füllte jetzt diesen Raum noch bloße, belanglose Oberflächlichkeit. Vielmehr war es die spürbare Akzeptanz aller Anwesenden mit all dem, was sie ausmachte und was sie nicht ablegen mussten, was gewisse Götter und Konventionen ihnen aber sonst verboten hätten.

Die schnittige, götterfreie Zone endete am Nachbartisch indes abrupt an der Gottesfrage. „Ich glaube nicht an Gottes Existenz, mit dem Tod ist alles vorbei“, sagte der eine. Dem wurde entgegnet „Du glaubst es, aber wissen kannst du’s nicht!“

Die Frage nach diesem letzten, unausrottbaren, unbekannten Gott, einfach Gott, als einem, der eventuell hinter allem steht und uns vielleicht liebt, war und ist universell und wird es bleiben. Selbst hier tauchte sie auf, wurde mit den leeren Biergläsern zurückgegeben und war mit den neu gefüllten Gläsern wieder da. Egal, wie viel einer trank und wie lange er diskutierte, wie viele Ideen er hatte – die Frage war nicht zu klären.

Ein jüngerer Mann drängte sich am Tisch vorbei. Im Vorbeigehen sagt er zu dem Tischnachbarn: „Hast du schon gehört von ..., wie todkrank er ist?“ Kopfschütteln. „Oh Shit, immer die Falschen. Mein Gott!“ Zwei floskelhafte Worte und schon war sie wieder da, die Frage!

Der fremde Gast hatte sich nicht am Gespräch beteiligt. Irgendwann zahlte er und nickte freundlich in die Runde. „Ich habe gut zugehört, Danke und Tschüüss!“ Dann ging er. „Wer war er?“ fragte einer. „Keine Ahnung.“

„Mein Gott“ – das nahm er mit. „Mein Gott“, dachte er, das bist du doch! Wie götterlos die Welt auch ist, sie ist doch niemals ohne Gott. Und doch lebt sie mit dem Konflikt, dass die Gottlosigkeit der Welt ebenso wie das Gegenteil davon durch Menschenverstand nicht zu belegen ist. Dank der Freiheit des Geistes sind götterfreie Zonen zu finden, Gott andererseits aber auch. Bedeutsam hingegen wird das Gefundene aber erst, wenn man daran glaubt.

Großeltern ab sofort

Zum Großvater wird man gemacht,
z.B. morgens früh um zehn vor sieben,
bisweilen auch um Mitternacht,
das kann geschehen nach Belieben.

Die Kinder werden Mütter, Väter,
sie werden Onkel oder Tanten,
sie sind's, die früher oder später
die eig'ne Mutter Oma nannten!

Der wahre Grund für´s Stühlerücken,
die Neuanordnung im Register,
ist auch der Grund für das Entzücken –
der Neuankömmling, ja, das ist er.

Das Baby schläft und ruht sich aus,
recht aufwändig war diese Reise,
doch hier ist es ja nun zu Haus',
seid bitte noch ein bisschen leise!

Gute Winde für den Törn

Gute Winde mögen wehen
allen, die sich danach sehnen.
Gute Winde für das Segel,
für das Boot, und für das Schiff
Gute Winde für den Käpt‘n
und für alle seine Leute.

Gute Winde für das Leben,
für die Seele, für den Geist.
Gute Winde für das Streben
nach der Ferne und der Freiheit.
Gute Winde für die Reise,
für das Kommen und das Gehen.

Gute Winde für den Törn!
Mögen sie vom Meer her wehen,
durch die breiten Straßen ziehen,
und vom Land hinaus aufs Meer
unter einem weiten Himmel
bis zum fernen Horizont.

Aus der Förde in die Ostsee,
nordseewärts mit vollem Segel,
mit den Winden der Biskaya
auf den stürmischen Atlantik!
Kurs Südwest nach Buenos Aires,
bis zur Stadt der guten Lüfte.

Über alle Meere wehen
Winde, hier sind sie zu Hause.
Jeder Kurs hat seine Winde,
jede Stadt hat ihre Lüfte.
Jeder sehnt sich in der Ferne
nach der heimatlichen Küste.

Gute Winde dir dort draußen,
dass sie jede Angst besiegen!
Dass sie den zum Ziel hinbringen,
der im Sturm darum gerungen.
Diesen ewigsten der Träume
will ein jedes Leben träumen.

Gute Lüfte für den Skipper!
Draußen sehen wir sein Segel,
wie es sich im Winde bläht!
Hinter ihm liegt schon die Förde,
morgenwärts führt ihn sein Törn
in des neuen Tages Licht.

Und wir stehen hier am Strand,
blicken von Laboe aufs Meer,
bis das Segel ganz entschwunden
hinterm Horizont im Osten,
wo sich Meer und Himmel treffen,
wo die Winde ewig wehen!

Good Bye, Peter! Tschüss …!

(Peter, dem Segler, zum Abschied aus diesem Leben)

Ich hab' dein Knie geseh´n

Das ist richtig, so manches Knie habe ich gesehen, aber vielleicht doch noch nicht Ihres. Wahrscheinlich haben Sie gedacht, jeder hat, wenn er älter wird, mal Kniebeschwerden, warum soll ich direkt zum Arzt rennen – die wollen doch eh immer sofort operieren!

Da muss ich widersprechen. Der Arzt muss sich die Beschwerden anhören, das betroffene Knie inspizieren und abtasten und dann mit dem Patienten reden. Vom Knie haben die meisten Patienten nur vage Vorstellungen, kennen oft nur Worthülsen wie Knorpel, Meniskus und Arthrose.

Schauen Sie doch mal hin! Gut tastbar sind im Kniebereich die spindelförmige Erweiterung des Oberschenkels, der hier rollenförmig mit zwei Kufen endet, und der knochige Schienbeinkopf. Zwischen beiden liegt das von Gelenkknorpel überzogene Kniehauptgelenk. Vorne auf der Streckseite steht zusätzlich auch die Kniescheibe mit den Oberschenkelrollen in gelenkiger Verbindung. Alle Gelenkflächen sind überknorpelt, der Knorpel liegt bis zu 0,5 cm dick mit glatter, bläulich-weißlich schimmernder Oberfläche wie Zuckerguss dem Knochen auf. Als Puffer sozusagen liegen zwischen Oberschenkel und Schienbeinkopf jeweils innen- und außenseitig Innen- und Außenmeniskus als knorpelige Gebilde von sichelförmigem Aussehen und keilförmigem Querschnitt. Im Stand und bei Belastung wird die Körperlast über die beiden Hüften in die Beine und über die Knie zu den Füßen unter Einbeziehung der Sprunggelenke geleitet. Es ist klar, dass die Gelenke eines Dickeren bei gleichem oder ähnlichem Knochenbau und gleicher Dicke des Gelenkknorpels und der Menisken auch im Knie dabei mehr belastet werden. Übergewichtige sind mehr vom Kniegelenkverschleiß bedroht als

Normalgewichtige. Nein, nicht Sie, Sie sind ja noch normalgewichtig, höchstens vollschlank!

Im Regelfall, bei geraden Beinen, sollte die Tragachse des Beines vom Zentrum des Hüftgelenkes durch die Mitte des Knies zur Mitte des Sprunggelenkes verlaufen. Wenn Sie sich mal aufrecht mit nackten Beinen vor den großen Spiegel im Schlafzimmer oder im Flur stellen, werden sie rasch sehen, ob ihre Beine gerade sind oder nicht. Ein O-Bein haben Sie, wenn Sie beim Geradstand mit zusammengeführten Füßen die Knie nicht zusammenführen können. Ein X-Bein liegt vor, wenn sich beim Gradstand die Knie berühren, Sie aber die Füße nicht zusammenführen können. Beim O-Bein verläuft die Belastungsachse vom Zentrum der Hüfte bis zum Zentrum des Sprunggelenkes innenseitig am Kniezentrum vorbei, im zweiten Fall außenseitig. Und es gibt auch viele kombinierte Formen – was ist schon immer gerade?

O- und X-Beine sind weit verbreitet. O-Beine sind bei Neugeborenen normal, kommen sehr häufig bei Fußballern vor, z.B. sind die von Pierre Littbarski legendär, Mike Krüger hat ausgeprägte und Onkel Paul auch. X-Beine sind häufiger weiblich, prominente Beispiele sind Barbara Becker, Hotelerbin Nicky Hilton u.a., aber auch Tante Gertrud hat welche, nur darf man die nicht darauf ansprechen!

Kniebeschwerden lassen sich grob meist drei verschiedenen Ursachenfeldern zuordnen: 1. den inneren Ursachen, primärer Altersverschleiß, rheumatische und Stoffwechselkrankheiten u.a. 2. den äußeren Ursachen, z.B. chronische Fehl- und Mehrbelastungen, Unfallfolgen mit Störungen der Kniegelenksfunktion und/oder der Deformierung der Gelenkflächen und 3. den infektiösen Ursachen, d.h. entzündliche Zerstörungen z. B. durch Bakterien.

Beinachsenfehlstellungen, ob angeboren oder erworben, führen unter Bevorzugung der belasteteren Knieseite schließlich zum generalisierten Gelenkverschleiß. Andere müssen für jahrzehntelange Überforderung der Knie oft bitter bezahlen – die alten Herren der Sportvereine mit ihrer Arthrose. Doch unabhängig von Achsverhältnissen und Überforderung altern und verschleißen mit Zunahme unseres biologischen Alters auch unsere Gelenke mit uns. Das Knackige der Jugend vergeht, der besonders beanspruchte Knorpel und die Menisken beider Knie werden verändert, abgerieben und aufgebraucht, bis irgendwann nur noch Knochen auf Knochen reibt. Schwellung, Belastungs- und Bewegungsschmerz, bis hin zum Ruheschmerz und zunehmende Bewegungseinsteifung prägen das Vollbild der Gonarthrose. Den einen trifft es je nach genetischer Veranlagung mehr, den anderen weniger. Schmerzen treten durch den ausgelösten Reizzustand auf. Kommt es nicht dazu, hat der Betreffende trotz Kniegelenkverschleiß keine oder kaum Beschwerden – diese Knie muss man nicht behandeln! Röntgenbilder sind nicht zu operieren!

In der Regel jedoch verursacht Arthrose Schmerzen, weil die Gelenkinnenhaut, die das Gelenk innen auskleidet, durch die Abriebpartikel des Knorpels gereizt wird und daraufhin mehr Gelenkflüssigkeit, meist eine klare Brühe, absondert, die das Kniegelenk anschwellen lässt. Wenn der Arzt den Erguss abpunktiert, erfährt der Patient Linderung. Klarer Erguss spricht für einen einfachen Reizzustand bei Verschleiß, trüber Erguss lässt an eine Infektion durch Bakterien denken, blutiger Erguss findet sich bei frischen Verletzungen im Knie, z.B. einem Kreuzbandriss.

Die Darstellungen auf der Bildtafel veranschaulichen gut den grundsätzlichen Aufbau des Knies, besser als in

Wirklichkeit. Im Röntgenbild sieht man nur den Knochen, nicht den Gelenkknorpel, nicht die Menisken oder die Bänder. Dafür braucht man die Kernspintomographie (=MRT, keine Röntgenstrahlung!) oder die Computertomografie (CT). Schäden am Knorpel, an den Menisken und am Kreuzband werden heute meist durch eine Kniespiegelung (Arthroskopie) endoskopisch angegangen und saniert. Zwei kleine Stiche, meist ambulant, eine feine Sache! Grundsätzlich gilt: Man sollte geschädigtes Meniskusgewebe entfernen, es reizt und scheuert, ansonsten aber darf man an den Menisken nur sparsam wegschneiden. Typisch sind Meniskuseinrisse bei vorgeschädigtem Gewebe durch Drehverletzungen, z.B. beim Sport. Auch den Gelenkflächenknorpel muss man behutsam angehen, denn Meniskusgewebe und reifer Gelenkknorpel bilden sich nicht neu. Weg ist weg! Unter Beachtung dieser Grundsätze ist die Kniespiegelung eine der erfolgreichsten und häufigsten Behandlungsmethoden von Verschleißbeschwerden! Man höre sich mal in Fußballvereinen um, wie die Schilderung im Jargon klingt: „Ich hatte Meniskus, ham'se wieder glatt gemacht, ist jetzt voll gut."

Je nach Ursache und Beschwerden sind verschiedene Therapien erforderlich, in den allermeisten Fällen wird primär konservativ behandelt. Die Palette der nichtoperativen Behandlung ist sehr vielschichtig. An dieser Stelle sei lediglich die grundlegende Bedeutung der wohl wichtigsten Behandlungsart hervorgehoben, der Physiotherapie. Sie dient dem Erhalt von Beweglichkeit und Funktion eines Gelenkes und ist vielfach auch die gemeinsame Endstrecke anderer Behandlungsarten! Und noch eins sei erwähnt: Etliche, die in die Sprechstunde mit großen oder kleinen Beschwerden kommen, beantworten die Frage nach der bisherigen Medikation: „Keine, ich bin gegen Tabletten!" Dem ist nur entgegenzuhalten, dass ohne Schmerz- oder Rheumamittel keine derartige Therapie funktioniert, etliche Präparate stehen zur Auswahl! Das „Besprechen“ des Kniegelenkes und die einmalige Zauberspritze haben sich als wirkungslos herausgestellt.

Ist das schmerzhafte Endstadium erreicht, muss der abgenutzte Bereich des Knies durch einen Ersatz aus Metall und einen Zwischenpuffer aus Polyäthylen (Inlay) wiederhergestellt werden. Falls entweder nur die innere oder die äußere Partie des Kniegelenkes verschlissen sind, werden Schlittenprothesen, die nur eine Kufe der Knierolle abdecken, eingebaut. Bei Arthrose des gesamten Knies, der häufigeren Form, muss eine Vollprothese, bestehend aus Metallkappe, die beide Oberschenkelrollen umfasst, einem entsprechenden Inlay sowie einer Metallplatte, die das ganze Schienbeinplateau bedeckt, eingebaut werden. Dabei wird durch die Ausrichtung der Sägeschnitte gleichzeitig die Beinachse mit korrigiert. Ein martialisches Vorurteil sollte unbedingt beseitigt werden: Es wird nicht das gesamte Kniegelenk als Block herausgesägt (welch eine schreckliche Vorstellung!) und ersetzt, sondern auf die nur kantig angefrischten Gelenkoberflächen werden die nur wenige Millimeter dicken Implantate aufgebracht und mit schnell härtendem Knochenzement fixiert. Die primäre Endoprothetik ist Oberflächenersatz!

Hingewiesen werden soll auch auf die erfolgreiche Praxis der operativen Beinachsenkorrektur von O- und X-Beinachsen bei jüngeren Menschen, anstatt bei vorzeitigem Verschleiß direkt eine Schlittenprothese einzubauen, falls Knorpel und Meniskus des weniger belasteten Gelenkabschnittes noch intakt sind. Bei mäßiger, einseitiger Gelenkspaltsymptomatik hilft auch ein kleiner unblutiger Schuhsohlentrick: Durch Sohlenranderhöhungen auf der nicht schmerzenden

Seite wird die schmerzende Seite entlastet, weil sich beim Belasten jetzt der Kniegelenkspalt weitet! Mechanisch ganz einfach, es funktioniert und kann Schmerzen lindern!

Die Knieendoprothetik ist eine Erfolgsgeschichte, ca. 165.000 Prothesen werden in Deutschland pro Jahr implantiert. Natürlich gibt es auch Komplikationen und Fehlschläge, aber das Positive überwiegt bei weitem. Musste früher die Oma die ganze Zeit auf dem Stuhl im oder vorm Haus sitzen, weil sie nicht mehr laufen konnte, sind alte Menschen, heute Senioren genannt, lange mobil, gehen bummeln und reisen. Und es gibt erfahrene, gute Operateure im ganzen Land. Keiner lasse sich durch die Notwendigkeit einer Knieprothese schocken, hoff‘ er, dass er einem differenzierten Therapeuten begegnet! Grund für eine gute Zusammenarbeit ist eine ehrliche Beratung, keine Überredung. Seriös ist, wer auch Zweitmeinungen berücksichtigt. Dann bekommt der Satz „ich hab‘ dein Knie gesehen …“ eine ganz andere Gewichtung!

Der Titel eines alten Schlagers stand über dieser kleinen Betrachtung der Probleme, die uns das Knie bereiten kann. Solange dieser Hochleistungskörperteil, der uns Gehen, Stehen und Knien ermöglicht, funktioniert, denken wir nicht über ihn nach. Dabei war das bedeckte Knie längst schon ein Mythos, auf dem Boden von Diskretion und Fantasie. „Ich hab‘ dein Knie geseh´n … du bist wunderschön!“ Da ist die Therapie gefordert!

Ich lebe noch immer
(Ein Staunen über das Leben)

Wo sind die Jahre hingegangen,
die unlängst alle vor mir lagen?
Wie konnte ich so weit gelangen,
war so beschäftigt mit den Tagen!

Die Lebenszeit fein portioniert
erhielt ich täglich Stück für Stück,
sah, wie der Augenblick gebiert
viel Freud und Leid, manchmal auch Glück.

Wie hätt‘ ich sonst die ganze Fülle
an Lebensreichtum nur gewonnen?
War randvoll eines Jahres Hülle,
hat halt ein neues Jahr begonnen!

Was sollen Zahlen mich beschweren?
Ich freue mich an ihrem Schimmer!
Für mich die wichtigste der Lehren:
Ich habe gelebt, und ich lebe noch immer!

Die Wüste

Goldgelber Sand bis zum Horizont zu großen Dünen mit eleganter Linienführung aufgehäuft, im Vordergrund mag man sich vielleicht das üppige Grün einer Oase vorstellen, fehlt noch die am Horizont hinziehende Karawane – so sieht die schöne Wüste für uns aus und die Traumkulisse für Fantasien, die wir als Europäer mit vielen anderen teilen. Die Filmszenen vor Augen, sehen wir ihn wieder mit seinen Truppen auf seinem Wüstenritt, Lawrence von Arabien, oder die Truppen des Mahdi, wie sie gegen das von den Engländern unter Gordon gehaltene Khartoum anbranden, Bilder aus den anrührenden Filmen „Der Himmel über der Wüste" oder „Der englische Patient" tauchen vor uns auf. Anderen kommen die malerischen Bilder, die sie auf der Reise durch Marokko beim Besuch der Oasenstädte am Rand der Sahara gesehen haben, in den Sinn.

Große Gebiete des Erdballs sind von Wüste bedeckt, Regionen, die die meisten nicht kennen und die sie nie kennenlernen werden. Sich in unendlicher Weite verlierende, harte und lebensabweisende, ausgezehrte Welten sind es, felsig, steinig, sandig, von einer gewaltigen und erschütternden Monotonie, wie konservierte Vorzustände der Schöpfung, an denen der Schöpfer gescheitert scheint.

Den Menschen im Nahen Osten war schon vor tausenden von Jahren die Nähe zur Wüste vertraut, aber sie lebten ja in ihren erschaffenen, kultivierten Lebensbereichen, da, wo Wasser verfügbar war. Bei der Betrachtung der Wüste dachten sie nicht an Ästhetik, Wüste war Barriere, Bedrohung, Entbehrung. Schon die ersten Verse des 1. Buches Mose, der Genesis, lassen die damalige Einschätzung der Wüste durch ihre Anwohner ahnen, allein schon durch die einfachst mögliche Wortwahl ohne jegliches weitere mildernde Attribut … „und die Erde war wüst und leer". Nicht mal Stein oder Felsen oder Sand, die im harten Licht verschmelzen, werden genannt, nur das Einfache, Leere, das Nichts. Bezeichnenderweise heißt auch der Kernbereich der großen Arabischen Wüste heute noch einfach „Leeres Viertel – Rub al Khali". Die Wüste war ein lebensfeindlicher Ort! Ist sie der übriggebliebene Gegenentwurf zur belebten Welt?

Wie ganz anders klingen ihre Namen, die Menschen den Wüsten gaben: Sahara, Kalahari, Namib, Atacama, Mojave, Negev, Luth, Taklamakan, Gobi … Namen mit einem weicheren, faszinierenden, fremdartigen Klang, als ob exotische Perlen, zu einer Kette aufgereiht, nach Lösen derselben mit einem klingenden Geräusch auf den von der Hitze ausgedörrten Boden fallen. Ist Wüste doch mehr?

Wüsten sind nicht unbedingt die Überlassenschaften aus einem vorevolutionären Zustand, Reste von Urzuständen. Wüsten entstehen auch neu, meist Folgen frevelhafter Eingriffe, wachsen und erobern vom Menschen bewohnte Landstriche und machen ihn zum Flüchtling. Dieser Prozess der

Versteppung ereignet sich gerade in der Sahelzone in Afrika. Somit sind Wüsten auch Reaktionen der Natur auf menschliches Handeln. Das gemeinsame Wüstenmerkmal ist ein extremer Mangel an Wasser, der Grundlage organischen Lebens. Und dennoch gibt es auch hier angepasste Lebensformen vielfältigster Art, nur eben in versteckterer Form. Mikroskopisches Leben und niedere Lebensformen wie z.B. Flechten, die oft erstaunliche Kolorationen hervorbringen, dann eine Vielzahl von aufeinander lauernden Spezies, Insekten, Reptilien und Kleinsäugern und schließlich eine Unzahl von im Sand ruhenden pflanzlichen Samen und Sporen, die nur auf etwas Wasser warten, um biologisch zu explodieren. Dass „die Wüste lebt“, hat Walt Disney nicht erfunden, nur dokumentiert.

So, wie der dort Gestrandete und halb Verdurstete diesen Ort anders erlebt als der geführte Tourist auf Fotosafari, ist Wüste sowohl in den Köpfen der Menschen als auch in der Realität ungeheuer variabel. Wüste ist Prozess, Zustand und Veränderung zugleich. Wüste ist ungeheure Weite und klaustrophobische Enge derer, die dort eingeschlossen sind und auf Rettung warten. Wüste ist des Tages eine einzige gleißende Unerbittlichkeit, verschmolzen zur Fata Morgana und des Nachts die lichtlose Dunkelheit der Erde, überwölbt von einem grandiosen strahlenden Sternenmeer.

Der französische Flugpionier und Schriftsteller Antoine de Saint Exuperie, der in den Zwanziger-Jahren des letzten Jahrhunderts einige Jahre die Flugroute Toulouse – Casablanca – Dakar bediente, hat viele einsame Nächte in seiner Propellermaschine über der westlichen Sahara verbracht. Zusätzlich musste er die Erfahrung von Notlandungen in der Wüste machen. Er hat als ein Ausgelieferter die visionäre Kraft dieses Raumes selbst verspürt, die tödliche Gefahr des

Verlorengehens und des Verdurstens ebenso wie die Geborgenheit, die ihn mit all seinen elementaren Fragen an den Boden, den Sand, unter sich band und ihm tröstende Einblicke in die riesige Kuppel des bergenden Sternehimmels gewährte. Aus diesen Erfahrungen entstand auch neben „Wind, Sand und Sterne“ sein bekanntestes Werk „Der kleine Prinz“ (1941). Diese melancholische Erzählung beschreibt seine märchenhafte Begegnung mit dem kleinen Prinzen von einem fernen Asteroiden, den ebenso eine Notlandung in die Wüste verschlagen hat. Ihre Suche ließ sie den rettenden Brunnen in der Wüste finden, beiden gelang nach einem philosophischen Austausch über das, was das Leben ausmacht, Lebensbewältigung, der Rückweg in ihr Zuhause.

Die Wüste ist Realität und Vision, tödliche Falle und Erkenntnismöglichkeit der Sinnzusammenhänge des Lebens. Nein, die Wüste ist kein leerer Raum, ohne es genau zu merken, sind wir eingetaucht in sie, in die Komplexität einer Existenz voller Unsicherheit, Angst und doch Geborgenheit, ein großes, vielleicht gottgewolltes Universum. „Man sieht nur mit dem Herzen gut“ zitiert der kleine Prinz einen klugen Fuchs, d.h., zum Erkennen bedarf es unserer Reflexion und Zustimmung. Unser Beitrag zu diesem Universum ist unser bewusstes Denken und Wollen, unsere Menschlichkeit. Auch wenn im Leben die Wüste über uns siegt, wir den Geist verlieren, unser Körper wüst wird und zu Sand und Staub zerfällt, den der Nachtwind mit sich forttragen wird, etwas von uns wird zurückkehren, aufsteigen in den hohen, bestirnten Himmel. Das kann man glauben oder es aus der Liebe zu diesem Leben heraus so sehen wie der Pilot, der bekennt: „Ich habe die Wüste immer geliebt.“

Im alten Park

Ein kleiner, stiller Park mit alten Bäumen –
ich suchte nichts, doch zog es mich hierhin.
Einst konnte ich davon nur träumen,
jetzt war mir klar, wo ich zu Hause bin!

Wie gerne bin ich hier entlanggeschritten,
und tauchte oft in euren Schatten ein.
Ich musste keinen um Begleitung bitten,
denn ihr wart da, ich war nie ganz allein.

Von meinem Fenster aus kann ich euch sehen,
die Zweige, die gefächelt sind vom Wind.
Es ist, als gäbet ihr mir zu verstehen,
wie sehr vertraut und nahe wir uns sind.

Sah frühlings eure Kronen frisch erblühen,
und sah des grünen Blattwerks ganze Pracht,
die Blätter bunt im Herbstlicht glühen
und Schnee auf Ästen in der Winternacht.

Das Morgenlicht hab‘ ich oft leuchten sehen,
und rötlich schimmerte es durch die Zweige.
Auch sah ich euer Schattenbild entstehen,
wenn gegen Abend ging der Tag zur Neige.

Ob es uns gut ging, ob wir ungebrochen,
und welcher Art Bedrängnisse auch waren –
den Trost, den haben wir uns zugesprochen,
auch dann, als Schweres mir war widerfahren.

So vieles war, wir haben viel gesehen,
als mir Vertraute hab‘ ich euch gewählt.
Und manches wisst nur ihr, was mir geschehen,
Ich hab‘ es keinem anderen erzählt.

Ihr wart vor mir und werdet auch hier bleiben,
gleichwenn ich spüre, dass ich gehen muss.
Wird dann der Wind die Zweige unruhig treiben,
nur zittern lassen, lächelnd, ganz zum Schluss?

Jetzt

Ich sehe, du bist kostümiert!
Es braucht nicht sehr viel Fantasie,
als Schlafes Bruder zwar durchaus galant,
bist du doch mehr für Unerbittlichkeit bekannt –
den harten, lippenlosen Mund, den mocht‘ ich nie.

Schon immer war es mir bewusst,
dass deine Hand, die marmorkalte,
die du mir stilvoll reichst, mich einzuladen,
sowie dein starres Lächeln mir wird schaden,
wenn ich dir freundlich meine Hand entgegenhalte!

Hast du erwartet, dass ich mich
leichthin auch suchend an dich wende,
wenn mich das Schicksal etwa hadern lässt?
Vermachen wollt‘ ich ihn dir nicht, des Lebens Rest,
nein, warten musst du, bis ich hier mein Fest beende!

Für dich zählt all mein Ringen nicht,
dass dieses Leben mir erhalten bliebe,
weiß ich doch wohl, ihr beide seid verflochten!
Ich möchte lodern wie die Flammen an den Dochten,
bis sie erlischt, die Lebensglut, und ich im Wind zerstiebe.

Nun ist es spät, und ich bin müde –
hab‘ dich auf dieser Feier nicht vermisst.
Doch plötzlich stehst du da, ich höre deine Frage,
und zaudernd bei der Sehnsucht, die ich in mir trage,
sag‘ ich jetzt „Ja“ zu diesem Tanz, weil er mein letzter ist!

Johann Heinrich Jung, genannt „Jung-Stilling", e Ma us Grond

Dä Burnsjong us dem Dörfje Grond,
dä kannte net nur Veh on Braase.
Ze learn dat woar em och vergonnt,
so es Jungs (Hannes) Hänner opgewaase!

Em stelle Grond doa gong äm off sin Herz,
hä föhlte sich erweckt zo glauwe,
on Hänner woaßte och, bij allem Schmerz,
dat leß hä sich va keinem noamoa rauwe.

Met foffze alt doa es hä Lehrer worn,
doch loarte hä doanoa noch Schnierer,
hä loas, dat wat en broacht noa vorn,
on goaw et anner'n gerne wierer.

Ob Technik, Burerej, Nadur, Finanze,
hä kon so god on veeles schriewe.
Doch wechdig woar äm bij däm Ganze,
dat Mensch on Gott zosame bliewe.

Noa Strassburg koam hä över Baden,
on hät hee Medizin studiert.
Troaf Herder, Lenz on Literaten,
va äm woar Goethe fasziniert.

On dr Erfolch sollt' em gelenge,
hä wurde Auearzt on wit bekannt.
„Star" operierte hä e groaßer Menge
e Wuppertal, em Beersche Land.

Professor woar hä veele Joahrn
e Heidelberch, dr Palz on Marburch, Hesse,
e Fächern, die sehr nötzlich woarn,
hät Sorje for de Sinne nie vergesse.

Gebildet woar dä Ma on talentiert,
on opgeklärt konn hä de Welt beschriewe,
doch hät hä sich nemoals geziert,
och relijöses Schriewe zo betriewe.

Hä waor e Laie Predijer, wurd‘ gern gehoart,
schrew veele Sache, die erbaulich woarn.
Gott machte for än nix verkoahrt -
on hoalte än noa Heim met 77 Joahrn.

Sit Kennerdaj doa woar et äm vertraut,
zofrere sin on doabij schlicht zu läwe,
on wenn mr met Geföhl noa vorus schaut –
doa ka sich gar nix, wat net sall, ergäwe!

Stell er‘et woarn, on stell woar och dä Ma,
noch abseits läjt heut Grond em Sejerland:
Dat Frömmigkeit, dr Pietismus, helfe ka,
doafor es hä, Jung-Stilling, e dr Welt bekannt!

(Verfasst in Siegerländer Mundart)

Kindermord

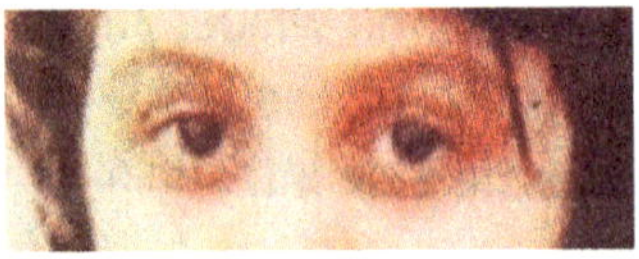

Neben dem Wort zum Sonntag gibt es auch den regelmässigen Mord zum Sonntag, gemeint ist die „Tatort"-Serie, die teilweise schon Kultstatus hat und für viele Menschen den Sonntag erst abrundet. Spannung und manchmal ein bisschen Mitfiebern als harmloses Vergnügen. Sie schnappen ihn immer!

Die Wirklichkeit ist da schon erschütternder, insbesondere wenn sie unserem Lebensbereich nahekommt oder ihn einschließt. Ein Kind verschwindet. Unruhe, Suche, Sorge, Angst, schlimme Ahnungen – Panik! Die Nachrichten bringen Bilder, die sich uns in die Gedanken einfressen. Fröstelndes Entsetzen, die Gewissheit macht nichts besser, der Mörder läuft frei herum, und es gibt zahlreiche unaufgeklärte Fälle.

Mord ist schlimm, und man weiß, dass man etwas derartiges nie wird verhindern können, zu komplex und vielfältig sind die Gewaltprobleme in der Gesellschaft. Noch schlimmer sind Kindermorde, Sexualmorde – die absoluteste Gewalt, die man Kindern antun kann. Das grausige Wort „Lustmord" nennt Motiv und Tat beim Namen. Das eigentlich Bestürzende ist, dass speziell diese Taten nicht auszurotten, wegzuimpfen sind, die Täter wachsen immer wieder nach, die Täter sind unter uns.

Es ist zum Weinen – oder zum Kotzen, dass die Sache mit der Gewalt und dem Testosteron nicht in den Griff zu kriegen ist. Aufklärung, liebevolle Erziehung oder strenge Zucht bewirken nicht viel. Vielleicht sollten wir uns aber nicht zu sehr an die selbstgerechte Brust schlagen, hinter der sich bisweilen Abgründe auftun können. Wie viele z.T schwierige Erziehungsprozeduren, wie viel Bewahrung, wie viele glückliche Umstände, wie viele Gebete haben uns, Sie und mich, davor beschützt abzugleiten? Es muss ja nicht gleich das Allerschlimmste sein. Man könnte so etwas wie Dank empfinden. „In wie viel Not hat nicht der gnädige Gott über dir Flügel gebreitet!“

Den toten Mädchen und Jungen wird auf dieser Welt keine Gerechtigkeit mehr zuteil. Die Familien und Betroffenen müssen weiter leiden. Im Moment ist die türkische Familie aus Paderborn uns noch nah, bis unsere Emotionen und Gedanken bald wieder mit neuen Inhalten gefüllt werden. Aber es ist wieder mehr heile Welt zerbrochen, hier, vor der Haustüre. Das tut weh.

Fürsorglich und achtsam zu leben, auch über den eigenen häuslichen Bereich hinaus – ist das nicht die einzige schlüssige Konsequenz? Ihre Kinder sind unsere Kinder, spätestens wenn ihr Leid öffentlich wird, ist es auch unser aller Leid. Dies ist eine Last und Verpflichtung, von der uns niemand befreit.

Kardelen heißt „Schneeglöckchen“. Sie starb im Winter, vor der Blüte. Die wahren Geschehnisse sind eine schlechte Filmvorlage, da sind wir alle wie Statisten in einer quälenden Wirklichkeit. Kardelen passt auch nicht wirklich zu Namen wie Ballauf, Lindholm, Block – Kardelen klingt wie Jenisa, Michelle, Pascal u.a. Es sind die gebrochenen Blüten der empfindlichsten Blumen.

Gebe Gott, dass wir auf sie achten können!

Das Verhältnis der großen Religionen zu "Shit", ein Überblick

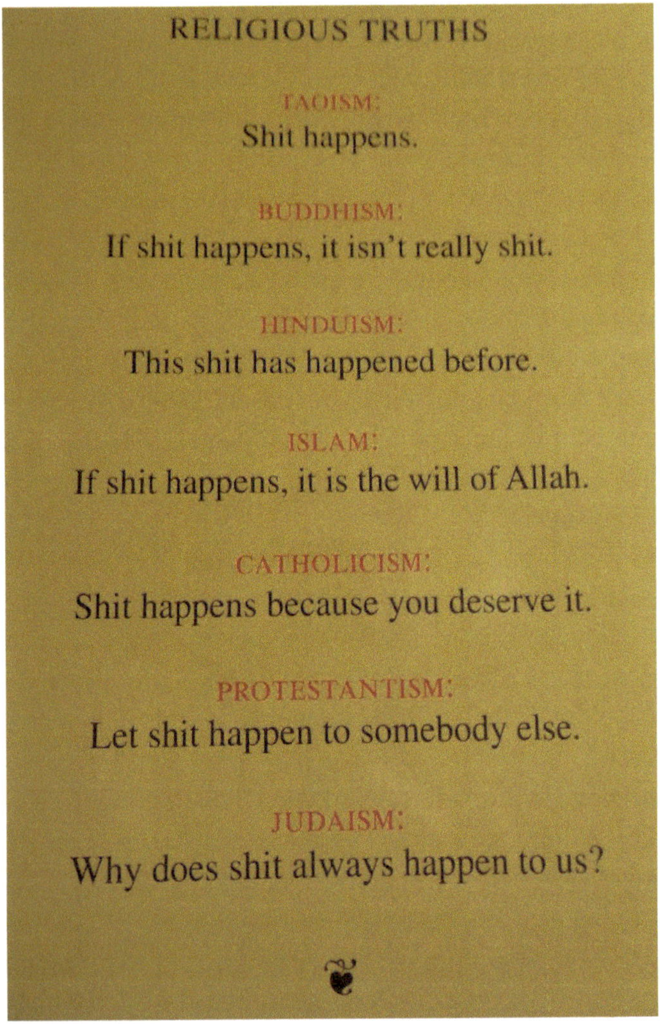

Eine kleine Lektion über Shit (1): Shit und Schicksal

„Shit happens“ (2), das ist eine Grunderfahrung, die jeder in seinem Leben mal oder auch immer wieder einmal macht! Und doch verlangt es der gute Ton, dass kultivierte Menschen das kleine, einsilbige englische Wörtchen „Shit“, eigentlich ein Unwort aus dem Fäkal-Bereich, dessen deutsche Direktübersetzung viel breiter, drastischer und vulgärer als das englische Wort klingt, eigentlich nicht in den Mund nehmen sollten. Aber ich wette, wohl jeder kommt bisweilen in Situationen, in denen das kurze einsilbige Wort vielleicht fast unhörbar seinem Munde entweicht – oder dieses Wort zumindest der erste gedankliche Kommentar ist, bevor man agiert, und zwar in solchen Situationen, die sich plötzlich, überraschend, seltsamerweise oder zu unserem Erstaunen oftmals ganz anders, schwieriger oder generell eher zu unseren Ungunsten verändern oder entwickeln. Um die drastische deutschsprachige Entsprechung, eine wahre Entgleisung (!), zu vermeiden, böte sich allenfalls noch das harmlosere Wort „Mist“ an dieser Stelle als gedachte Alternative an. Was, bitte, genau ist Shit, außer der schmutzigen, gemeinen, ebenso wirksamen wie verheerenden Droge der Junkies und unserer Vorstellung von „braun oder bräunlich“ und meist „übelriechend“? Shit ist das Ausscheidungs-Produkt, das ein biologisches Wesen mit einem Stoffwechsel nach der Verdauung des Stofflichen, was ihm als Nahrung diente, seiner Umwelt sozusagen, davon übriglässt, quasi als Hinterlassenschaft. Da man ungern hinter jemandem herräumt und dies den meisten stinkt und Hinterlassenschaften nicht immer unkompliziert sind, hat Shit ein schlechtes Image. Gleichzeitig ist Shit aber auch ein verdichtetes stoffliches Substrat, das der ausscheidende Organismus nicht mehr braucht, das aber wiederum angereichert ist mit vielen Substanzen, die andere

Lebewesen für ihr Gedeihen unbedingt brauchen, somit ein andernorts benötigtes und hocheffizientes Substanzgemisch, das, als lebensförderndes Düngemittel dem biologischen Kreislauf des Lebens wieder zugeführt, neues Leben frisch entstehen lässt.

Shit als Endprodukt eines Lebensvorganges (Verdauung und Verwertung der Umwelt schlechthin) und gleichzeitig als quasi komplexe Startsubstanz für neues stofflich-organisches und damit auch Grundlage für geistiges Leben, erhält somit aufgrund dieses dualen Charakters eine schicksalsbestimmende Bedeutung. Es besteht z.B. ein für jeden ersichtlicher Unterschied zwischen denen, die im Leben auf eine regelmäßige Shit-Abfuhr achten, und den chronisch Obstipierten, die eher ihren Shit behalten. Gerade für den Menschen ergibt sich daraus nicht nur eine typologische Bedeutung, sondern auch eine fast schon metaphysische. Und da Metaphysik auch in den Bereich der Religion hineinreicht, erfahren Shit und der Umgang damit sogar eine religiöse Bewertung. Er wird bedeutungsschwer und wird mit der religiösen oder philosophischen Sinnfrage verknüpft: Was bedeutet Shit (meist in dem schicksalhaften Sinne einer Hinterlassenschaft anderer, die mir in den Weg gelegt ist und die ich wegmachen muss) in der Sichtweise der verschiedenen großen Weltreligionen für den Menschen? Grundlegendes also gibt es zu reflektieren, was man ja von gewissen Sitzungen her kennt … Anmerkung: Allzu ernst sollte man's nicht nehmen, das ist der Shit nicht wert. Und manches bisschen Shit muss man gar nicht beachten! Leben auf der Hühnerleiter, kurz und voller Shit– irgendwie schaffen die Hühner es ja auch …

Anm.: Englisches Wort für dt. (1) „Scheiße“, (2) „Scheiße passiert halt“ oder “Mist passiert halt immer“)

Kommen, gehen, bleiben

Kommen, um zu bleiben für eine Weile.
Kommen, um zu glauben, man bliebe.
Gehen, um dahin zu kommen, wo man bleibt.
Kommen, um zu bleiben, auch wenn man geht.

Ende einer Kreuzfahrt

„Ich habe ein unbehagliches Gefühl bezüglich der neuen Route von Kreta über Malta nach Trapani auf Sizilien, momentan ist das der falsche Zeitpunkt, auch wenn die Reederei uns grünes Licht gegeben hat." Der Manager des großen Reiseveranstalters hatte sich mit seinen Bedenken im Kollegenkreis nicht durchsetzen können, die Route war für die jetzt beginnende Saison im Rahmen der großen Mittelmeerkreuzfahrt „Von Istanbul nach Genua" fest eingeplant.

Die Reise wurde von den Gästen gut angenommen, z.Z. erfolgte die dritte Reise, alles verlief bisher reibungslos. Und das Reiseprogramm war wirklich attraktiv: Von der faszinierenden Metropole am Berührungspunkt von Orient und Okzident ging es durch die griechische Ägäis südlich bis nach Kreta, dann quer durch das südliche Mittelmeer zu dem kleinen Inselstaat Malta, von dort zur Westspitze Siziliens und dann nach Norden. Nach einem Besuch im ewigen Rom war Genua das Endziel

Das Schiff gehörte zur gehobenen Klasse von der Ausstattung und von der Größe her. Auf zehn Decks wurden alle Ansprüche, die ein Reisender an eine Komfort- und Wohlfühlreise stellt, perfekt befriedigt – in einer ausgewogenen modernen Kombination von Lässigkeit und Luxus. Der Alltag blieb zurück irgendwo in Europa, hier wurde gezeigt, wie einmalig das Leben ist. Die Leute wollten und sollten genießen, das hatten sie sich verdient, so war die Bordphilosophie. Derartige Reiseerlebnisse gehörten zum Spektrum westlichen Lebensstils, ein Vorzeigeprodukt der Leistungsfähigkeit und Zivilisiertheit dieser Kultur und ihrer Menschen. Unausgewogenem und Destruktivem aus anderen Bereichen der Welt durfte es nicht gelingen, diese wunderbare

Komposition zu gefährden, weder im Allgemeinen und erst recht nicht auf diesem Schiff!

Die „Star Princess“ durchfuhr gerade zielstrebig das südliche Mitteleer, Kurs Nordwest, Richtung Valetta auf der Insel Malta. Am Abendhimmel türmten sich Wolken, leichter Dunst kündigte eine Wetteränderung an. Nach einem Galadinner anlässlich der Halbzeit der Reise genossen viele Passagiere auf den Oberdecks noch die Abendluft und erst als ein leichter Wind aufkam, zogen sich die meisten ins Innere des Schiffs zurück, nahmen ihre Drinks und gaben sich der Zerstreuung hin. Das Schiff aber, dieser Außenposten Europas, schwebte wie eine Fata Morgana, wie ein Märchenschloss oder auch wie ein monströses, futuristisches Schlachtschiff über dem Wasser.

Auch auf der Brücke des Schiffs verlief alles routinemäßig, die Bildschirme, Kontrollleuchten und der Funkverkehr signalisierten eine ruhige Lage. Auf zwei großen Monitoren mit Seekarten der Region erschienen die Symbole aller georteten und erfassten Schiffe an ihren jeweiligen aktuellen Positionen. Der russische Kapitän war spät noch mal erschienen, studierte Faxberichte und Wettermeldungen. Da sich die Abfahrt von Kreta verzögert hatte und die Witterung es noch zuließ, hatte er den diensthabenden Offizier, einen Peruaner, angewiesen, in der ersten Nachthälfte die Geschwindigkeit zu erhöhen. Zusätzlich legte er dem Steuermann einen etwas veränderten Kurs vor mit leichter Abweichung nach Süden, weil vor ihnen etliche Fischtrawler unterwegs waren. Nach einem knappen Gruß ging er, wie immer mit Zigarette im Mund.

Der letzte Laden der Mall schloss nach Mitternacht. Herr Ahwari hatte noch am späten Abend einen respektablen Erfolg gehabt. Zwei Lederjacken, 400 Euro pro Stück, hatte er an die beiden Damen verkauft, die immer wieder reingeschaut hatten. Vor 25 Jahren war er aus dem Irak nach Hamburg gekommen, diesen Job hier machte er nun auch schon etliche Jahre, und er gefiel ihm. Zwei seiner Brüder lebten noch mit ihren Familien im Irak, wo die Lage immer schwieriger für sie wurde. Der jüngere von beiden hatte ihm vor Wochen gemailt, dass er wahrscheinlich einen Weg über Libyen finden könne, er habe viel organisiert. Musste Herr Ahwari deshalb relativ häufig an ihn denken, weil die Schiffsreise ihn nahe an dem Land vorbeiführte und der Gedanke an die Flüchtlingsschiffe ihm Angst machte? Gegen 0.30 Uhr verriegelte er die Türe. Nur noch wenige Passagiere streiften über die Decks, es war Schlafens- oder Discozeit. Aus der Richtung der Diskothek wummerte, leise vernehmbar, die Musik. „An Tagen wie diesen ..."

Als er gerade gehen wollte, fühlte er sich gegen die Türe gedrückt, dann einen Ruck. Was war das?

Ganz unten im Bauch des Schiffes war Jousef R. untergebracht in einer schmalen Clean Man Kabine (CLC). Jousef war Farbiger und stammte aus Nigeria. Seine Aufgabe war das Beseitigen des massenhaft anfallenden Mülls an Bord. Seit knapp drei Jahren lebte Yousef in Hamburg, vorher hatte er in Nigeria Maschinenbau studiert. Die Flucht nach Europa erschien ihm die einzige Chance, die ihm das Leben bot. Für die Kreuzfahrt im Mittelmeerbereich hatte die Reederei leichtes Spiel, Personal anzuwerben, bei der Fülle der Kandidaten wurden die kräftigsten ausgewählt und vorne im Schiffsbuk untergebracht. Dies war jetzt Jousefs dritte Fahrt. Im Moment schienen sich die Dinge überraschend gut zu entwickeln! Seine Frau hatte ihm vor der Fahrt mitgeteilt, dass sie in diesen Tagen gemeinsam mit der Tochter Mirjam die Überfahrt nach Europa, nach Malta wagen wolle, und Jousef war fest gewillt, hier in Malta von Bord zu gehen, um seine junge Familie zu suchen und zu finden.

Jousef hatte sich gerade auf seine Pritsche gelegt, da traf das Schiff von frontal nach dorsal durchlaufend ein gewaltiger Schlag, der das ganze Schiff erschütterte und ihn fast aus der Pritsche gehoben hätte. Unmittelbar heulten die verschiedenen Systeme. Jousef schlüpfte in seine Arbeitsuniform und schlug sich dann auf verschiedenen Wegen nach oben.

Bis zu diesem Zeitpunkt war die Welt auch für die diensttuende Crew auf der Brücke in Ordnung gewesen, die Stimmung war entspannt, es gab Kaffee. Irgendwo dudelte AFN-Musik. Wolken waren aufgezogen, Meer und Himmel waren nachtschwarz. Laut Radar und Navigation war in ihrer direkten Nähe kein weiteres Schiff oder größeres Boot auf dem Wasser, nordöstlich von ihrer Position nur einige Trawler. Warum es ganz offensichtlich massive Probleme mit der Radarortung gegeben hatte, ließ sich auch bei den späteren Untersuchungen im Nachhinein nicht mehr einwandfrei klären.

Auf jeden Fall gab es plötzlich einen Alarmton von den mit starken Ferngläsern und starken Scheinwerfern verbundenen fest installierten Kameras vorne am Bug der Sea Princess. Der Steuermann riss seine Augen auf und starrte auf die Monitore und auf das groß eingeblendete Frontbild auf dem Monitor, auch der erste Offizier ließ seinen Kaffee stehen und stürzte herzu. Entsetzen packte die Männer: Direkt vor dem Bug der Sea Princess, vielleicht 400 bis 500 Meter vor ihnen, schob sich von links aus dem Dunst, quasi aus dem Nichts, ein unbeleuchteter Schiffsrumpf eines Frachters wie ein Geisterschiff, das fast stehend oder in extrem langsamer Fahrt genau vor ihnen ihren Weg kreuzte, sodass sie ihn unweigerlich treffen mussten. Bei ihrer schnellen Fahrt und der Größe des Kreuzfahrtschiffes war ein Abbremsen oder ein

Ausweichen nicht mehr möglich. Das Schlimmste aber war, und das erkannten sie jetzt, der Frachter war voller Menschen, völlig überladen mit Flüchtlingen!

Irgendetwas musste er jetzt tun: Reflektorisch leitete der Steuermann ein Bremsmanöver ein. Alarmglocken schrillten, zuerst auf der Brücke, dann mit leichter Verzögerung auf dem gesamten Schiff, Lampen blinkten. Dann knirschte und krachte es, und ein undefinierbares Kreischen und Heulen erhob sich zu einem entsetzlichen Schrei. Mit den Geräuschen des Berstens ging ein Glucksen und Gurgeln einher, gefolgt von einem unheimlichen, abgrundtiefen Ton, als das Meer mit einem tiefen Rülpser die im Frachter eingeschlossene, mitverschluckte Luft als riesige Blase wieder ausstieß. Die Sea Princess, zehn Stockwerke hoch, hatte den rostigen und klapprigen libyschen Frachter von der Seite kommend einfach überfahren und den gesamten Bug unter Wasser gedrückt. Demzufolge hob sich hinten das Heck aus dem Wasser und richtete sich schräg auf, ein grausiges Schauspiel, wie man es von der Titanic kannte. Traubenförmig stürzten die Menschen, es mochten 500 bis 600 Personen gewesen sein, Frauen, Kinder und zumeist junge Männer, Flüchtlinge aus Afrika, von Ghana bis Eritrea, und aus dem Nahen Osten ins Meer. Da sie fast alle Nichtschwimmer waren, war ihnen der Ertrinkungstod sicher, sofern sie sich nicht an irgendeinem Trümmerstück festhalten oder von einem Rettungsboot aus dem Wasser gefischt werden konnten.

Gespenstischer kann man sich eine Szenerie fast nicht vorstellen. Zwei Schiffe, endlich zum Stillstand gekommen, ineinander verkeilt, der eine drückte den anderen unter Wasser, angestrahlt von tausenden von Lichtern, beide schwer geschädigt, der eine sicher den Ertrinkenden, die das stille Wasser in eine kochende See verwandelten und mitgerissen von dem sinkenden Heck die letzte Fahrt in die Tiefe antreten mussten, und bei den völlig schockierten und aus dem Schlaf gerissenen Passagieren, die nach oben auf die Decks quollen und die all dies hilflos vor ihren Augen geschehen lassen mussten und um ihr eigenes Leben bangten. Chaotisch auch die Rettungsbemühungen der Helfer und selbst Betroffenen: Lautsprecherdurchsagen und Kommandos, auf die keiner hörte, unkoordinierte Aktionen von überforderten Schiffsangestellten, Rettungsboote, die hastig herabgelassen wurden und die teilweise kenterten, ein einziges Rufen, Schreien und Schluchzen – dann sank der Frachter binnen einer halben Stunde mit einem abgründigen Seufzen, dazu das Blinken und Fiepen einer verrücktspielenden Elektronik.

Auch die Sea Princess hatte jetzt eine leichte Seitenneigung, doch immer wieder kam die Durchsage: „Das Schiff ist sicher!"

Das kleinere Schiff war binnen einer halben Stunde gesunken. Das Meer ringsum war ein Flickenteppich an Trümmern, Toten und Überlebenden, die sich mit letzter Kraft an irgendetwas klammerten. Immer mehr andere Schiffe und Boote trafen ein, Helikopter kreisten über dem Ort. Erste Meldungen gingen um die Welt.

Wieder sind es nahezu 400 Menschen aus der Dritten Welt gewesen, für die die Flucht vor Hunger, Elend und Gewalt ins gelobte Europa zur letzten Reise in den Tod geworden ist. Überlebende gaben auf Befragen nach dem Frachter immer nur an: Tobruk, Tobruk. Auch unter den Touristen gab es Verluste, ca. 30 Personen wurden vermisst. Die Ereignisse hatten eine neue Dimension bekommen.

Unter den überlebenden Bootsflüchtlingen war kein Herr Ahwari aus dem Irak. Es gab keine Passagierliste, noch lange wurden Leichen geborgen. Die Familie Ahwari teilte mit, dass beide Männer und Väter, die Brüder Ahwari, schon längst in Libyen seien und Plätze für die Überfahrt nach Europa hätten. Über das Mobile Phone wurde sogar ein Foto des Schiffes in einem libyschen Hafen nach Hause versandt. Name: Tobruk.

Das havarierte Kreuzfahrtschiff war in den frühen Morgen schon nach La Valetta geschleppt worden. An Bord hatte ein unglaubliches Tohuwabohu geherrscht, der Office Schalter öffnete aber erst am nächsten Morgen. Die Passagiere, denen nichts passiert waren, fielen sich glücklich in die Arme. Endlos lange Listen wurden durchgegangen. Neben den Überlebenden Passagieren wurde aber auch die aus dem Meer geborgenen Leichen der zumeist afrikanischen Flüchtlinge nach La Valetta gebracht und hier in Hallen aufgebahrt. Jousef, um den sich keiner kümmerte, fand schließlich doch noch eine Spur zu seiner Familie. In der großen Halle 3 in der dritten Reihe auf Platz 9 war sein Suchen zu Ende.

Nein, seine Frau hatte keiner gefunden, aber sein Kind. Jousef sank langsam in die Knie. Vor ihm lag ein ertrunkenes kleines Mädchen, den Kopf zur Seite geneigt. Das Kind trug einen Pullover, der die quer verlaufende Aufschrift „Hallo Daddy“ trug. Er kniete sich neben seine kleine Tochter, küsste ihre kleinen Hände und stammelte weinend: „Mirjam, ich habe so auf dich gewartet!“

Land of Hope and Glory

Land of Hope and Glory
Tu t'en vas – ne me quite pass
You don't love me anymore
Bitte gib mir die Antwort
Warum nur, warum?
There'll always be an England
and England shall be free
Marmor, Stein und Eisen bricht
Merci cherie, meerciii!
Griechischer Wein und ganz in weiß
You don't love me anymore
Junger Tag ich frage dich
Nimm mich bitte mit nach Mendocino
Release me and let me love again

two lonely people together
I love you hate you love you
Whatever you do
Deine Heimat ist das Meer,
deine Freunde sind die Sterne
Oh Britannia Britanna rules the waves
Until we've built Jerusalem
On England's green and pleasant land
My darling, kiss me goodbye
There's someone new, he's waiting for you
Ich liebe das Leben!
Was ich noch zu sagen hätte
Nehmt Abschied Brüder, ungewiss
and never stay in mind?
You are sailing you are sailing

home again cross the sea
Can you hear me can you hear me
Through the dark night far away
I want to touch the green green grass of home
An Tagen wie diesen
Baby, mach kein‘ Quatsch,
Baby, komm, sei lieb zu mir
Wiedersehn, auf Wiedersehen
We'll meet again some day
When I find myself in trouble
Mother Mary comes to me
Speaking words of wisdom
Let it be let it
There'll be bluebirds over
The white cliffs of dover
Tomorrow just you wait and see

Zu Himmelfahrt gibt's Landpartie

Durch's offne Fenster strömt frische Luft,
wollte den Frühlingstag begrüßen.
Um mich herum der Fliederduft,
ich roch die grünen feuchten Wiesen –
und trat beschwingt hinaus.

Auch Leute, die ich gar nicht kannte,
sie grüßten mich und ich grüßt´ zurück.
Gedanklich ich weitere Grüße sandte,
Signiert von dem Mai, dem Frühlingsglück –
Nein – besser kann kein Tag beginnen!

Ich radelte durch begrüntes Land
und um mich Gärten, Felder, Katen,
und ich den Maitag zutiefst empfand,
als einen Frühlingsgruß an Bürokraten,
wie schön, dass es so ist!

Ein kleines Stück noch liegt sie vor der Stadt,
die Praxis, die seit Wochen geschlossen.
Ein neuer Zettel die Botschaft hat:
„Corona, Adieu, wir glauben keine Possen,
Zu Himmelfahrt gibt's hier Landpartie,
offen ab Freitag – grüßt all die Genossen!"

Das Leben steht nicht still

Das Leben schaut aus seinem Fenster,
es schaut und lacht.
Vertrieben sind die Nachtgespenster
der letzten Nacht.

Und wird ein Fenster mal geschlossen,
weil jemand schlafen will,
wird anderswo ein Fenster aufgestoßen,
das Leben steht nicht still.

Lese-Muse

Auf der Nasenspitze sitzt die Brille,
und ich lehne mich entspannt zurück,
Zeitung lesen ist mein fester Wille,
Keiner störe mich bei meinem Glück.

Einmal die Titelseite überfliegen,
seh‘ das Wichtigste auf einen Blick.
Schwierigkeiten, Kriege, Pleiten
sind für Zeitungsmacher wahres Glück!

Habe dann den Punkt „Lokales“
interessiert und intensiv studiert.
Wirtschaftsteil, die Herrn des Saales
sind natürlich längst auf Dauer emigriert.

Ich indessen rutsche tiefer in den Sessel,
ganz zum Schluss Kultur und Kulturelles.
Dabei bin ich leider eingeschlafen
Tja, so geht's dem Leser, wenn es hell ist!

Leserzuschrift an „Der Spiegel", Nr. 17/20.4.2019

Als regelmäßiger Spiegel-Leser seit mehr als 30 Jahren hatte ich mindestens drei Mal im Jahr anlässlich der besonderen christlichen Feiertage Weihnachten, Ostern und Pfingsten und über einen so langen Zeitraum von drei Dekaden rein rechnerisch 3 x 30, also mindestens 90 mal die Gelegenheit, die für dieses Magazin typischen, in der Regel gut recherchierten, aber durchweg religionskritischen und insbesondere das Christentum in Frage stellenden Essays zu lesen. Und ich habe es getan und dabei meine pietistisch-christliche Einstellung immer wieder tüchtig zerrupfen lassen, bin viel großherziger geworden, habe aber mein Bedürfnis nach Religion nie verloren. Und so bin ich einer von wenigen, die auf die provokante Frage „Wer glaubt denn sowas?" hier und jetzt immer noch antworten: „Ich glaube so was!" Dem Glauben der Atheisten, es gäbe keinen Gott, was auch nie bewiesen werden kann, ziehe ich trotz aller Verunsicherungen und Erschütterungen letztlich den Bodensatz des mir vertrauten, „alten" Glaubens an einen versöhnenden Gott vor.

Letzte Frage an den Astronauten

Berührende Bilder, unsagbar schön,
Erdaufgang über dem Mond zu sehen!
Heimat ist uns der blaue Planet,
der über allen Bedrängnissen steht.

Hier aber, auf der zerfurchten Erde,
fällt uns schwer oft das „Stirb und Werde“.
Weiß doch das Leben um Befristung und Tod -
wozu all die Willkür noch, Bosheit und Not?

Hier auf der Erde entstand alles Leben,
diese Voraussetzung hast du gegeben.
Doch du lässt auch die Kräfte gewähren,
Kräfte und Mächte, die alles verheeren.

Sind wir nur Staub auf der äußeren Hülle
oder schmückt dich des Lebens Fülle?
Wären wir bloß wie ein Schorf zu begreifen,
fiele es leicht dir, uns abzustreifen!

Alle die Schicksale, die wir durchstehen,
sind sie nicht tiefergehend zu sehen?
Erde, wie bist du mit uns draußen vernetzt,
spürst du es auch, wenn die Hülle verletzt?

Folgen die Sterne dem Gesetz der Natur,
findet sich stets dessen kosmische Spur,
bist du auch, Erde, aus Staub nur gemacht –
wer hat die Seele und Liebe erdacht?

Gilt auch stets das Gesetz der Natur,
folgt alles Leben auch dieser Spur,
sind wir aus Erde und Staub nur gemacht -
wer hat sich Seele und Liebe erdacht?

Lob der Worte

So manches Wort verführt zum Reimen,
so einer es denn gerne will.
Man wählt die Worte, lässt sie keimen,
ob halblaut, leise oder still.

Zum Reimen nimmt man gern ein Wort,
wie beisteh'n und auf wiederseh'n,
ein rechtes Wort am rechten Ort
lässt manche Herzen übergeh'n.

Aus Worten formt man ganze Reden,
aus schönen Worten umso mehr.
Ob Sagen oder alte Weden,
nichts gäb es, wenn das Wort nicht wär´.

Die Dichtkunst braucht die schönen Dinge,
das Leben braucht die schöne Kunst.
Dass eine Rede gut gelinge,
dazu bedarf's besond'rer Gunst.

Uns allen hast du es bewiesen,
die freie Rede ist ein Fluss!
Die Worte, die wie Wellen fließen,
sie wogen weiter bis zum Schluss.

Die Worte sind der Sprache Feier.
sie formen ihre Melodie.
Die Muse schlägt dazu die Leier,
wer sie gehört, vergisst sie nie.

Bisweilen aber braucht das Leben
nicht bloß der schönen Worte Flut.
Nichts kann dann einen Sinn ergeben,
als nur ein Zauberwort es tut.

Luther, Halloween und die Soester Kirmes

Schritte einer in diesen Tagen in der Tracht Martin Luthers durch Soest und würde am Dom ein Manifest mit Thesen anschlagen, es würde im Kirmesrummel nicht mehr Aufmerksamkeit erregen als ein Fahrgeschäft. Ein Event im Event! Weil es aber damals, vor 500 Jahren, doch etwas Besonderes war, sollte jetzt ein Zeichen gesetzt werden: Für den Thesenanschlag Martin Luthers an der Kirche in Wittenberg mit harscher Kritik an der katholischen Amtskirche gibt es am 31.10.2016 bundesweit einen Tag frei. Das Lutherjahr 2017 wird ein Medienereignis werden, „Verlutherung“ soll gegen kirchliche Verlotterung wirken, selbst in katholischen Kreisen. Aber wo Luther Recht hatte, hatte er Recht!

Es war die Zeit der Renaissance, einer Neuentdeckung der künstlerischen Ausdrucksformen, der Überwindung starrer mittelalterlicher Dogmen und des Aufblühens des menschlichen Entdeckergeistes. In diese Phase des geistigen Aufbruchs führte das geistliche Ringen Luthers zu einer grundlegenden Überprüfung der Grundfesten des christlichen Glaubens. Der aufgeklärte Mensch sollte sich bewusst für den Glauben entscheiden können.

Heute schaut der „christliche“ Westen voller Skepsis auf die muslimische Welt, die in alter dogmatischer Starre verharrt und vielfach unverständlich in ihrem Gebaren wird. Eine der Reformation vergleichbare Erneuerung hat diese Gesellschaft nie erlebt, und doch müssen wir so etwas von ihr verlangen. Angesichts der historischen Bedeutung dieses geistigen Aufbruchs am Beginn der Neuzeit auch für den Dialog mit anderen Kulturen ist es unverständlich, warum der Reformationstag bei uns bisher nur ein Schattendasein gefristet hat als Werktag mit einem Abendgottesdienst, der aber die große Masse der Nichtkirchgänger so gut wie nicht erreichte. Aber auch der jetzige Rummel im Schatten des Lutherjahrs um dieses Ereignis vermag das Anliegen der Reformation nicht nachhaltig zu vermitteln, nicht einmal jeder Dritte kann mit dem Begriff „Reformation“ etwas anfangen. Das Thema gehörte in den Bildungskanon an Schulen und in die öffentliche Diskussion! Ein weiterer Feiertag 2017 ist nur ein Abend zum Feiern und ein Morgen zum Ausschlafen mehr!

Aber in den letzten Jahren hat ja eine andere Sinngebung vom 31. Okt. Besitz ergriffen – Halloween! Als ob die Botschaft dieses Tages zu anspruchsvoll gewesen wäre, ließen wir uns ein US-Produkt verkaufen, eine Art Walpurgisnacht mit Verkleidung und Gruseleffekten, für die Feiersüchtigen ein willkommenes Event. Nichts gegen ein bisschen Maskerade, aber wie kann man grinsenden Kürbisfratzen an solch einem Tag das Feld ganz überlassen? Spaß, Spaß, alle wollen nur ihren Spaß, meist genauso gedankenlos wie die üblen Gruselclowns, die Nachahmer von Stephen Kings bösem Clown Pennywise – mal sehen, was noch so geschieht!

Da lobe ich mir doch die Soester Kirmes, obwohl ich als Innenstadtbewohner ihrer oftmals überdrüssig war und bin. Das ist kein importierter Schwachsinn, es ist eine Markttradition seit 679 Jahren, noch älter als die Reformation. Man feiert zusammen, keiner wird ausgeschlossen. Bis jetzt hat dieses bunte, eigentlich katholische Fest der Lebensbejahung hier in Soest, der Stadt der Reformation, überlebt. Der Glaube indes überlebt nicht wie eine Tradition, er wäre längst an dieser erstickt, gäbe es nicht die ständige Erneuerung desselben durch Reformation.

Ach, Mai

Dem Mai wurden bereits im Vorfeld an dieser Stelle große Sympathien bekundet. Ob Rührung, Verzauberung oder Begeisterung – der Mai spielt auf der gesamten Klaviatur der Emotionen. Brachte man früher mit seinem Erscheinen tatsächlich das erste frische Mai-Grün in Dörfer und Städte, hat heute das Ausschlagen und Grünen der Bäume meist längst schon im April begonnen. Den eigentlichen Wandel und Aufbruch hat man aber wieder nicht mitbekommen, plötzlich war alles noch grüner als in den Tagen davor. Dass der Mai begonnen hat, daran erinnert uns der Tanz in den Mai, der Maibaum und ein freier Tag.

Und dann zeigt der Mai seine flotte Seite. Begrünte Zweige, Flieder und Spargelstangen, Frühlingsblumen und Gartenglück, Feiertage, Biergartenbesuche und Maibock, Radtouren, Einladungen und dazu Huldigungen aller Art – alles neu macht der Mai! Gerade sind die letzten Termine notiert, da bemerkt man aber auch den schon beginnenden Rückzug des Mai. Das frische Grün der Flora wechselte von zart in das tiefe, satte Grün des Sommers, der Blütenschnee liegt auf dem Boden, und das lodernde gelbe Feuer der Rapsblüte, z. B. auf der Haar, beginnt abzublassen und langsam zu vergrünen. Dass Blütenträume noch keine Sommerträume sind, das beweisen uns oft die Eisheiligen und manchmal Schlechtwetterphasen mit recht kühlen Tagen oder klammen, tröpfelfeuchten Abenden.

Just in diesem Mai öffnet nach langem Vorlauf auch das stationäre Hospiz in Soest seine Türen, Pflegestation und Heimat für unheilbar Erkrankte mit nur noch kurzer Lebenserwartung.

„Es ist schwer, wenn man im Frühling stirbt, mein Freund ...“, heißt es (ins Deutsche übersetzt) in dem Chanson „Le Moribond“ von Jacques Brel. Gerade dieser Monat mit seinem überbordenden Blühen und einem raschen, stillen Verblühen ist wie eine Metapher für das Leben. Ein schönes Bild, das auch dem, der in dieses Frühlingshaus einzieht, vielleicht ein Lächeln abgewinnen kann. Hier werden die Rhythmen des Lebens gelebt und akzeptiert, der Mai kommt und geht wie das Leben. Wie die Zeit der Blüte gehören Verblühen – ein ganz besonderes Wort –, Sterben und Vergehen dazu und für viele auch der Glaube an Auferstehung und an ein Wiedersehen ....

Der Mai bleibt ein Sehnsuchtsmonat, auch für mich. Wann, bitte, reimt sich Schmerz so sehr auf Herz wie jetzt? In einem Mai kam ich erstmals nach Soest und verliebte mich in die Stadt, und es war Mai, als ich hier meine Frau kennenlernte. Die bekannten Mailieder werden heute meist nur noch von Älteren angestimmt. Diese Lieder lassen im Moment die Vergänglichkeit des Schönen vergessen, aber Wehmut bleibt.

„Melancholie und Freude sind wohl Schwestern“, heißt es im Mai-Gedicht von Erich Kästner, „und aus den Zweigen fällt verblühter Schnee. Mit jedem Pulsschlag wird aus heute gestern, auch Glück kann wehtun, auch der Mai tut weh.“ Das Herz tut weh, das Herz ist schwach, die Liebe neigt zum Verklumpen. Junge Leute müssen und wollen das nicht alles verstehen. Bald ist schon der Monat des roten Mohns und des Sommerbeginns, ein weiterer Traum der Unbeschwertheit, aber es ist nicht der gleiche Traum für alle.

Jetzt, da ich dies schreibe, hat der Mai gerade begonnen. Erst wenn man es später liest, weiß man, wie dieser Monat verlaufen ist und was er an Schicksalhaftem brachte, was eigentlich wichtig war. Aber jeder, der den Mai erlebte, hat ein Idealbild vom immer wiederkehrenden Mai. Mögen der Alltag noch so grau und das Weltgeschehen noch so widrig sein, der Mai prangt und blüht vorbehaltlos für jeden. Mai ist Betörung und Lebenskraft, Abschied ebenso wie Erneuerung und Verheißung. Mythos Mai – so lange der dahineilende Frühlingsprinz aber hier verweilt, ist es wirklich Mai, draußen in Wald und Flur, im Garten und auf der Fensterbank und auch im tiefsten Herzenswinkel, selbst wenn er sich anschickt, bald zu gehen. Keiner weiß, wie oft man sich noch wiedersieht, aber es gibt wunderschöne Bilder, die mit uns gehen. Und so lässt Kästner den Mai ausklingen.

„Er grüßt die Hügel, und er winkt dem Flieder. Er lächelt, lächelt, und die Kutsche rollt!“

Mein altes Herz

Es ist und bleibt nun mal der Dinge Lauf,
die Jugend und, ach ja, die besten Jahre,
die hören irgendwann auch einmal auf.
Der Mensch wird älter und kriegt graue Haare.

Lebendig sein, das heißt, man spürt Bewegung,
das Herz musst ständig ohne Pause schlagen,
im Rhythmus moduliert von der Erregung,
doch spürt man's nicht, das Herz, an guten Tagen.

Gern lebt der Mensch, dem Leben zugeneigt,
entsprechend angepasst wird unser Herz tief drinnen.
Erst wenn der Herzschlag eine Störung zeigt,
dann richtet sich der Blick besorgt nach innen.

Heißt Fortschritt, dass wir immer älter werden,
gesund, vital und noch ganz gut bei Kraft?
Und all die Ursachen von Herzbeschwerden –
geklärt und schon im Vorfeld weggeschafft?

So kindlich träumt der Mensch, derweil sein Herz
nichts andres tut, als nur für ihn zu schlagen.
„Die ew'ge Jugend" ist ein schlechter Scherz,
und keines Menschen Herz könnt dies ertragen!

Mein gutes, altes Herz, wie geht es dir?
Ich lausche wie gebannt jetzt oft nach innen!
Und ganz nah beieinander ich jetzt spür
den Herzschlag und des Lebens Zeit verrinnen!

Das Kettenkarussell

Bald ist der Zeitpunkt,
dass man zum Schluss
am Kirmessonntag
zum Vraithof geh´n muss.

Hier steht vom Schönsten,
was Soest zu bieten hätt‘,
ein Karussell,
apart und nett.

Zuschauer drängeln,
es gibt freie Plätze
zum Soester Himmel
und wieder zurück.

Hochkonjunktur,
einmal noch fliegen,
die Liebste und ich
im Zweiersitz.

Locker und luftig
fallen die Ketten
vom Dach des Vogels,
zum Einstieg bereit

Achtung, wir fahren,
der Vogel hebt sich,
spannt seine Ketten,
los geht die Fahrt!

Runde um Runde
steigen wir höher
und werden schneller,
und noch einen Kick!

Hallo, ihr auf Erden,
seid gegrüßt von hier oben,
wir sausen schnell
im Wind durch die Nacht!

Dazu die Lieder
Evergreen-artig,
das Kettenhaus
folgt ihrem Takt.

Sind es nun Sorgen
oder ist's Freude,
die unten auf Erden
hochblicken lässt?

Runde um Runde,
gekürt von dem Walzer,
Schweben und Wirbeln
im Rhythmus der Nacht.

Die Flughöhe sinkt,
die Flügel schon matter,
und wir erkennen
die Menschen dort unten.

Noch eine Runde,
wollt ihr noch mal?
Soester Gesichter sind’s,
die uns begrüßen.

Und nach dieser Runde
läuft alles sanft aus.
Wir aber gehen
beglückt nach Haus.

Mein Leben

Mein Wille, dachte ich, bestimmt mein Leben,
die Wahl der Rollen stünde mir wohl zu.
Doch eine Rolle ist mir nur gegeben
und nur dies eine Leben, das bist du!

Ich schlief, du wecktest mich im Strom der Zeit,
gabst mir den Augenblick, du kennst das Ende.
Durch dich von der Unendlichkeit befreit
leg ich all meine Zeit in deine Hände.

Was dich so einzigartig macht, mein Leben,
ich gebe zu, verstand ich nicht sogleich.
Doch die Gewissheit hast du mir gegeben:
Wie groß die Not, du machst mich dennoch reich.

Ich grüße dich mit meines Lebens Feier.
Durch dich, mein Leben, bin ich, was ich bin.
Und wenn du gehst, mein Freund, du treuer,
dann, bitte, nimm mich mit, ganz gleich wohin

Stille Freunde

Immer wieder schweift der Blick nach Westen
in den Park, wo all die Bäume stehen.
Und im Unterschied zu meinen Gästen
bleiben sie vor Ort, wenn andere gehen.

Hoch und aufrecht ragen ihre Kronen,
so, als stützten sie das Himmelszelt.
Wie zum Schutze derer, die hier wohnen,
deckt ihr Blätterdach die kleine Welt.

Unverrückbar steh'n sie da und schweigen.
Auch beim Blühen, Grünen, Blätterfallen,
nur der Wind, er raschelt in den Zweigen,
so habt ihr mir, Freunde, stets gefallen.

Euch kann ich all das Vertraute sagen,
ihr wisst alles und ihr kennt mein Leben!
Still vernehmt ihr Frohes wie auch Klagen,
brauch ich Halt, dann könnt ihr ihn mir geben.

Ob ich mit euch rede, euch was schreibe,
mit Gedanken oder Händen euch berühre,
wünsche mir, dass ich, so lang ich bleibe,
eure Ruhe und Gelassenheit verspüre.

Eure Sprache ist nicht nur ein Raunen,
wenn der Wind das Ast- und Blattwerk fächelt,
wer sich lauschend zu euch neigt, wird staunen,
er versteht euch wortlos – ja, er lächelt.

Mondhelle Nacht

Ich möchte gehen in einer mondhellen Nacht,
wenn mich anschreien die Stimmen des Lebens,
wenn ich kämpfe mit den Mächten des Schlafes.

Ich möchte aufwärts steigen auf der Silberspur,
die eine solche Nacht nur kann bereiten,
und die ich niemals schöner sah als heute.

In die Augen dieses Mondes will ich schauen,
bis ich erblindet bin von seinem Licht,
das anders strahlt als aller Sterne Glanz.

Ich werde lauschen, werde still verharren.
Wenn sich der Eulenvogel lautlos aufschwingt,
weiß ich, dass ich gerufen bin.

Verborgen ist das nächtliche Geheimnis,
das in der Schönheit einer solchen Nacht
das Dunkel mit dem Himmelsglanz vereint.

Ich möchte aufbrechen in einer mondhellen Nacht,
bereit zu einer Reise, die ich niemals machte.
Bezahlen werd‘ ich sie mit der Erinnerung.

Was ich gewesen bin – ich weiß es nicht.

Musikstudent auf Zimmersuche

Es hat geschellt, die Dame macht auf. Ein netter junger Mann steht vor der Tür und fragt, ob das zur Vermietung angebotene Zimmer noch frei wäre. Er sei als Mieter sehr ruhig und zurückgezogen, nur müsse er als Musiker manchmal ein Stündchen üben, aber er könne sich nach dem Vermieter richten.

„Oh, ein Musiker", sagt die Dame. „Mit Musikern haben wir leider unsere Tochter betreffend keine guten Erfahrungen! Wir hatten mehrfach Musikstudenten hier als Mieter. Der erste war erst sehr bethövisch, dann wurde er sehr bald mozärtlich, und das konnte keine vier Jahreszeiten gut gehen. Der nächste richtete mit vielerlei Händeln und Liszt einen lauschigen Platz für romantische Treffs ein mit Bach, umgeben von Hayden, der dritte schließlich konnte sich binnen kurzem kaum noch brahmsen, und so kriegten die Tochter und er bald ein kleines Mendelsöhnchen und wussten nicht wo hindemith! Nein, junger Mann, danke, tut mir leid."

Nichts bleibt

Allein werde ich sein
mit meinem Selbst.
Und du wirst es sein.
So war es gestern,
so wird es morgen sein.

Nichts eigentlich
Hat sich geändert.
Die Ahnung aber
wird Gewissheit
über die Selbstlosigkeit.

Mein Reden
wird unverständlich,
und meine Eigenschaften
sind mir fremd,
und leer, der Blick.

Zu klug waren wir
und zu furchtsam,
um zu ertragen,
dass jeder nur
ein Selbst ist,
das zerfällt.

Noch dieses eine Fest

Sieh an, du hast dich kostümiert
und gabst dir einem noblen Titel!
Wer möchte „Schlafes Bruder“ denn verneinen,
uns dauerhaft mit alten Freunden zu vereinen,
nur durch Geleit, vergesse man die and‘ren Mittel!

So redest du, doch spüre ich,
dass deine Hand, die marmorkalte,
die du mir stilvoll reichst, mich einzuladen,
und dazu dein starres Lächeln mir wird schaden,
wenn ich dir freundlich meine Hand entgegenhalte!

Ich weiß zwar, dass du warten wirst,
bis mich das Leben führt in deine Hände,
wo du mich deinen kalten Odem spüren lässt!
Drum spend‘ ich dir kein Mitleid, keinen Lebensrest,
nein, warten musst du, bis ich hier mein Fest beende!

Ein Tanz mit dir? Nicht für mein Leben!
Ich hab‘ nur dieses eine Leben, das ich liebe,
wohl wissend, dass ihr beide seid verflochten!
Wie kleine Flammen, glimmend an den Dochten,
so will ich lodern, züngeln, bis ich ganz zerstiebe!

Nur einen Augenblick, nur eine Pause …
Die Maskerade, sagst du, sei für mich zu Ende!
Noch einmal leuchtet sie, die Fülle meiner Tage,
und zieht vorbei mit Sehnsucht, die ich in mir trage.
Vorbei! Du nimmst die Maske ab, greifst meine Hände!

Ort der Begegnungen

Diejenigen, die im Krankenhaus beschäftigt sind, sprechen mehr oder weniger alle eine Fachsprache und konfrontieren damit die Patienten immer wieder mit Begriffen, die vielen Menschen gar nicht vertraut sind. Viele Patienten, schon von vorneherein durch das Aufsuchen-Müssen eines Krankenhauses und durch Ängste verunsichert, fragen oft gar nicht weiter nach, und es bleiben Defizite. Die verschiedenen Fachdisziplinen bieten viele Möglichkeiten, sich der medizinischen Probleme und Anliegen des Patienten anzunehmen. Trotz des weiten Spektrums ist es aber gerade in einem kleineren Haus wie dem unseren viel besser möglich, mit dem Patienten auch ohne viel Fachchinesisch ins Gespräch zu kommen, ihm zuzuhören und sich menschlich zugewandt seiner Fragen und Nöte anzunehmen. Menschen treffen hier zwar auf Fremde und Fremdes, aber alleine schon durch Freundlichkeit und Gesprächsbereitschaft können Vorbehalte dahinschmelzen. So mögen Patienten und ihre Angehörigen etwas von ihrer Scheu vor arroganten Ärzten, die nicht ihre Sprache sprechen und sie nicht immer verstehen, von ihrer Angst vor dominierenden oder ruppigen Schwestern und von der allgegenwärtigen Angst vor schlimmen Diagnosen verlieren, auch wenn diese zumeist ja gar nicht zur Debatte stehen.

Ebenso wie die Krankenhauswelt für Außenstehende völlig neu und unwirklich erscheint, kommen auch die hier Tätigen mit Menschen zusammen, die völlig anders sind als sie selbst (Sind sie das wirklich?) und denen sie sonst kaum wohl jemals begegnet wären – das Krankhaus wird zu einem kleinen Forum der Menschen- und der Völkerverständigung! Gerade in den letzten Jahren ist besonders im ärztlichen Sektor die

Zahl der ausländischen Mitarbeiter gestiegen. Sie sind sehr bemüht, lernen Deutsch, und die Integration in die hiesige Arbeitswelt und Gesellschaft ist jedem ein Anliegen. Im Gespräch erfahren wir oft von berührenden Familienschicksalen, lernen Toleranz unter Beachtung auch verbleibender kultureller oder religiöser Grenzen und Besonderheiten. Auch schwierige Themen, wie Islam und Gewalt, das teilweise unterschiedliche Rechtsverständnis und das Frauenbild werden thematisiert, wobei klar ist, dass für alle hier bei uns das christlich-abendländische Menschenbild mit seinen Wertvorstellungen gilt. Die gemeinsame Aufgabe aber, der Dienst am kranken Menschen, ist allen oberstes Gebot – und es funktioniert sehr gut miteinander. Gepaart mit Humor und manchmal auch Ironie erleben wir immer wieder auch kleine, scheinbar unbedeutende Situationen, die uns zeigen, wie beglückend für den einzelnen der direkte Kontakt von Mensch zu Mensch ist.

So auch im Marienkrankenhaus Soest, z.B. auf der Ebene 3, Westflügel, am Morgen des 19. 7. 2016.

Morgenvisite. Die Oberärztin stand mit den Stationsärzten am Bett der betagten, weit über achtzigjährigen Patientin. Diese war am gestrigen Abend gestürzt und dabei auf den Kopf gefallen. Aber sie hatte sich dabei nur eine Schädelprellung sowie eine leichte Gehirnerschütterung zugezogen, nichts Ernsthaftes. Der alten Dame ging es viel besser, sie sollte heute wieder entlassen werden. Der Stationsarzt, ein hochgewachsener dunkelhäutiger Arzt aus einem nordafrikanischen Land, stellte in fließendem Deutsch den Fall vor und berichtete der Oberärztin.

„Wie schön“, sagte diese „dann können Sie ja heute nach Hause zurück.“

Die Patientin, mit schlohweißem Haar und klar bei Verstand, lag im Bett und hatte sich etwas auf die Ellenbogen aufgestützt. Ihr ganz besonderes Interesse schien dem dunkelhäutigen Arzt, Dr. A., zu gelten, sie schaute immer wieder zu ihm hin. Die Begegnung mit Fremden war älteren Deutschen ihrer Generation von früher her oftmals verwehrt. Und nun war ein schwarzer Doktor ihr Arzt!

Vielleicht war sie seinem Charme erlegen oder sie hatte in ihrem Leben wirklich noch nie so viel Nähe zu einem Farbigen gehabt, hatte vielleicht noch nie die Gelegenheit gehabt, mit einem solchen zu reden. Auch sprachen diese in der Regel eine fremde Sprache, oftmals Englisch, und das wurde zu ihrer Schulzeit in den normalen Schulen nicht gelehrt. Jetzt aber war ihre Gelegenheit gekommen! Sie fasste sich ein Herz und berührte mit ihrer linken Hand behutsam seine rechte. Das musste jetzt einmal gefragt werden!

„Herr Doktor, wo kommen Sie denn her?"

Der Angesprochene überlegte nicht lange und grinste. Seine Familie lebte in einem krisengeschüttelten Land in Nordafrika, und seine Muttersprache war arabisch, von der Rasse her war er aber Schwarzafrikaner. Es gab nur eine Antwort. „Ich komme aus Afrika, aus Libyen!"

Die alte Dame strahlte ihn an. „Und ich komme aus Schlesien!"

Fremde begegnen Fremden …

Plötzensee, ein Besuch

Vor der Abfahrt war noch eine kurze Stippvisite von Schloss Charlottenburg, dem Sommerschloss der preußischen Könige, geplant. Trotz vieler Berlinbesuche war ich noch nie dort gewesen. Etwas von der Leichtigkeit und der Eleganz des im französischen Stil errichteten Schlosses wollte ich als Erinnerung an ein besseres Preußen, das auch ein Teil der deutschen Vergangenheit war, an diesem Herbstsonntag mitnehmen auf die Heimreise.

Nahe dem Berlin-Spandauer-Schifffahrtskanal sah ich an der breiten Ausfallstraße plötzlich das Hinweisschild, das auf die Ausfahrt zur Gedenkstätte Plötzensee hinweist. Ich bremste. „Sollen wir …?“ Meine Frau stimmte spontan dem geänderten Vorhaben zu, Preußenschloss hin oder her! Wir fuhren ab und folgten dem Schild durch grünes, vorstädtisches Wohngebiet, eine Siedlung mit kleinen Häusern, und dann an einer langen, hohen Mauer entlang. Von rechts hinter den Bäumen schimmerte Wasser des Westhafens und irgendwo auch das des Sees. Gegenüber einem unscheinbaren Parkplatz öffnete sich die Mauer, der Eingang, wir waren da! Plötzensee – benannt sind der Ort und der nahe See, heute mit Strandbad, im Berliner Stadtbezirk Charlottenburg-Nord nach der Plötze, einem unscheinbaren Fisch, der sich hier tummelt. Gleichzeitig klingt für mich auch das Wort „plötzlich“ mit, als ob etwas ganz Unerwartetes geschähe …

Es geschieht in der Tat etwas Unerwartetes, wenn man das ummauerte Areal betritt. Wie anders – wie aus der Wirklichkeit herausgefallen – ist dieser Ort, die „Gedenkstätte Plötzensee für die Opfer des Nationalsozialismus aus dem In- und Ausland“!

Die Justizvollzugsanstalt auf dem weitläufigen Gelände ist auch heute noch im Betrieb. Das hier im 19. Jahrhundert errichtete Strafgefängnis wurde während der nationalsozialistischen Herrschaft zentrale Hinrichtungsstätte für das Berliner Kammergericht und den eigens gegründeten, berüchtigten Volksgerichtshof unter dem Vorsitzenden Richter Roland Freisler, einem fanatischen und cholerischen Unrechtsprecher, und erlangte so eine düstere Bekanntheit. Hier fanden die Opfer der NS-Gerichtsbarkeit ihr unerbittliches Ende, Menschen, die zur falschen Zeit am falschen Ort gewesen waren, Denunzierte, die sich nur einen Witz erlaubt hatten, einfache Menschen und Prominente, politisch Andersdenkende und Geschmähte, Ausländer, Widerstandskämpfer, Angehörige der roten Kapelle, Mitglieder des Kreisauer Kreises, Menschen aus dem Umfeld von Stauffenberg nach dem Attentat vom 20. Juli 1944, völlig Unschuldige ebenso wie auch gewöhnliche Kriminelle. Der Abtransport nach Plötzensee bedeutete für die meisten den Weg in den Tod. 2891 Todesurteile wurden hier zwischen 1933 und 1945 vollstreckt, es wurde geköpft, später dann gehenkt. Einen grausigen Höhepunkt stellten die Plötzenseer Blutnächte vom 7. bis zum 12. Sept. 1943 dar, als hier jeweils nach Einbruch der Dämmerung bei Verdunkelung und Kerzenlicht zum Schutz vor Fliegerangriffen Massenhinrichtungen erfolgten. Insgesamt 250 Menschen wurden durch die Henker in diesen Tagen umgebracht – auf Anordnung von Justiz-Staatssekretär Curt Rothenberger!

Die Gestaltung ist bewusst schlicht gehalten, die Gedenkstätte ist nur kleiner Teil des Gesamtareals. Ich erinnere mich an einen Innenhof mit Gedenktafeln, grau wie auch der Tag des Besuches, an dem sich nur eine Handvoll von Besuchern hierher verirrt zu haben schien. Im Zentrum der Gedenkanlage steht ein kleines Ziegelgebäude, der ehemalige

Hinrichtungsschuppen. Ein Teil desselben wurde abgerissen, aus Bruchsteinen wurde eine Mauer errichtet. Der Hinrichtungsraum aber ist erhalten, und er prägt zutiefst die Erinnerung an diesen Ort. Im Dokumentationsraum begegnet man den Opfern, Bilder, Namenslisten und etliche berührenden Biografien bis zum Ende sind in Schaukästen und an Fotowänden aufbereitet. Schweigend liest man längst vergessene Namen, betrachtet die Bilder von Unbekannten, defiliert entlang dieser Galerie menschlichen Elends und blendet doch vieles wieder aus, vergisst es. Betroffenheit und das Gefühl der Ohnmacht legen sich bleiern auf Wahrnehmung und Empfinden. Den stärksten Eindruck aber hinterlässt der Ort der Hinrichtung, wohl keiner, der hier war, kann sich dem entziehen.

Man tritt in einen kahlen, länglichen Raum, an der Kopfseite dringt Licht durch zwei schmale rundbogige Fenster, an der Decke ein fahles Lampenlicht. Unter den beiden Fenstern stehen, unscheinbar an die Wand gelehnt, abgelegte welke Kränze. Am markantesten aber ist der Stahlträger, der quer durch den Raum läuft. Statt mit ehemals acht Fleischerhaken ist er heute nur noch mit fünf Haken bestückt, an denen die Opfer gleichzeitig, zumeist mit Klaviersaiten, aufgehängt und so zu Tode stranguliert wurden. An Fleischerhaken aufgeknüpfte Delinquenten – die widerliche Assoziation zu Tierschlachtungen ist nicht zufällig! Der Estrich unter dem Träger verläuft leicht abschüssig in Richtung Raummitte. Dort befindet sich eine Ablauföffnung, in die die Körperausscheidungen, die die Menschen im Todeskampf von sich gaben, gespült wurden. Der Rest war und ist Leere, Schweigen und noch mal Schweigen – und eine Fülle von eigenen Gefühlen und Gedanken, die jeden, der diesen Raum betrat, für sich allein ganz einsam werden lässt. Es gibt in diesem Raum keine Stelle, an der man diese Empfindungen ablegen könnte, hier erlebt jeder diese brutale Unbarmherzigkeit bis zum Schluss. Welch ein Unterschied aber zu jenen Menschen, für die es einstmals kein Entrinnen mehr gab angesichts der Fleischerhaken in dem Träger vor ihnen – wir hingegen werden begnadigt und können diesen Raum wieder verlassen!

Schweigend gingen wir zum Auto. Ich musste an Kafka denken und sein Thema des bedingungslosen Ausgeliefertseins des Einzelnen, der in das Räderwerk einer willkürlich agierenden Maschinerie geraten ist. Hier, in Plötzensee, war die Endstation erreicht. Wie ganz anders waren die Eindrücke, die ich von hier mit nach Hause nahm! Statt Freiheit des Geistes, Weitläufigkeit und Eleganz eines Preußenschlosses Begegnung mit einem Monstrum, das selbst das Recht zur Mordwaffe machte. Angesichts einer immer bedrohteren Welt durch Radikalisierung, Terror und Gewaltherrschaft sind derartige Besuche nicht herbstliche, melancholische Anwandlungen, sondern bittere, aber notwendige Appelle, wachsam zu bleiben, die Drachensaat des Bösen früh genug zu erkennen. Ob in Plötzensee oder sonst wo – Raubfische schwimmen mit uns im selben Gewässer.

Und noch etwas wurde hier überdeutlich: Die Todesstrafe ist Barbarei – egal, wie sie vollstreckt wird. Von Claude Lanzmann kenne ich den Satz, der Tod sei eine Zumutung. Das „Recht“, dies jemandem zumuten zu dürfen, gibt es nicht – Plötzensee zeigt, wie die böse Lust an Grausamkeit den Unterschied zwischen Recht und Gewalttat, zwischen Hin“richten“ und Hinmorden aufhebt. Oder gibt es etwa ein Recht auf niedere Beweggründe?

Ich kann den Stahlträger mit den Haken nicht mehr vergessen …

Präantarktische Befindlichkeit

Hans,
wie ist es mit der präantarktischen Befindlichkeit?
Du weißt, in ein paar Tagen nur
betrittst du dieses Land am Ende aller Welten,
ein fast noch unbetretenes und auch
fast immer noch ein unbetretbares.
Es ist der sechste und der letzte
von den Kontinenten, der
unbekannteste und der entlegenste,
abweisend, kalt und einsam –
und doch von Leben ganz umgürtet.
An Schätzen und Jungfräulichkeit,
an Licht und Dunkelheit und Einsamkeit,
an Eis und Kälte wohl der reichste.
Hier ist der Nullpunkt aller
Breitengrade und Meridiane,
es ist die große Antipode,
der absolute Anfang und das Ende.

Wie also ist es, sich dem zu nahen?

Beitrag zur Pralinogenese
(Schöpfungsgeschichte der Pralinen)

Sechs Tage brauchte Gott dazu,
in dieser Zeit schuf er die Welt.
Am siebten Tage fand er Ruh,
besieht ein Werk, das ihm gefällt.

Es war wohl um den Fünf-Uhr-Tee,
als Gott dies sagte, er begrüß‘ es,
wenn auf dem Tisch ein Teller steh,
auf dem wenn möglich etwas Süßes!

Doch damals waren Konditoren
noch unbekannt wie Schokolade,
die hohe Kunst wurd’ erst geboren,
das sah Gott ein und sagte: Schade!

Doch kennt er Zeit und die Geschichte,
wohl wissend, wann der Mensch soweit,
und das, worüber ich hier dichte,
schuf er schon mal als Köstlichkeit.

Im Vorgriff für des Himmels Sphären
und hier nur für den Hausbedarf,
wer könnt‘ den Himmlischen verwehren,
sind sie mal auf ´was Süßes scharf?

Schmelzschokoladen, zart zerfließend,
und was man so kreiert aus ihnen,
zum Beispiel feinste Cremes einschließend
als Petit Four oder Pralinen.

Die besten davon nannt‘ er Lindt,
das ist bis heute so geblieben,
weil himmlisch lind sie eben sind,
von Gott geschaffen am Tag sieben.

Sind die Pralinen Himmelsgaben?
Vom Menschen sie geschaffen sind.
Ich mag mich gern an ihnen laben,
und nicht nur Lindt ich himmlisch find!

Viel später erst in seinem Werden,
da traf der Mensch auf Schokolade.
Und er schuf Himmlisches auf Erden,
bedurfte er besondr’er Gnade?

Es gibt natürlich auch die Sünde,
die uns den Augenblick versüßt
stellt uns in Aussicht reiche Pfründe,
in Wirklichkeit man dafür büßt!

Zu religiös soll man’s nicht sehen,
Pralinen sind ein Hochgenuss!
Kann selbst ein Gott nicht widerstehen,
dann ist’s für uns schon wie ein „Muss“!

Und darum heut‘ das Allerbeste,
ich glaub als Soester, da versteht er’s,
hochfeine Täfelchen zum Feste,
warum von Lindt? Wir haben Peters!

Die Kreation vom siebten Tag
die mundet Jungen und den Alten!
Man schenkt meist das, was man selbst mag –
wir haben uns daran gehalten!

Raucher

Nun – wie ist es mit den Rauchern,
Kann man sie denn noch gebrauchen,
wenn man sie mal dekantiert,
und das Ganze pipettiert?

Tja, das Hemd und auch die Jacke,
beides riecht zwar nicht nach Kacke,
aber Tabak, der verbrannte,
riecht genauso, wie ich‘s nannte!

Schaut man sich die Haut dann an
und man schnuppert auch noch dran,
selbst wenn du nicht rauchst gerade,
alles riecht nach Tabak – fade!

Passend dazu wirkt die Haut,
grobporig und abgebaut.
Sieh dich mal im Spiegel an,
da ist wirklich doch was dran!

Doch am allerschlimmsten ist,
dass präcancerös du bist.
Und es ist halt nachgewiesen:
Tabak lässt den Tumor sprießen!

Also, lieber Raucher, wisse,
Rauchen ist nur für gewisse
Menschen und gewiss dann schön!
Wer's nicht mag, der muss halt geh'n!

Reden müssen wir mal

Wir sind zu dritt, eine Delegation –
Von der Arbeitsfront, das wussten Sie schon?
Es scheint so profan, doch wir sind nicht hier,
um ein paar alte Geschichten zu verbreiten,
über Chefs, über Stress und Alltäglichkeiten.
Wir haben längst die Ordnung akzeptiert,
die uns Rollen zuweist, damit es funktioniert.
Unser Chef, er ist schon jetzt sechzig plus,
und das ist der Anlass, dass man reden muss:
Über Müdigkeit und Frust, über Nähe und Ferne
über Ziele und Träume, über Gott und Sterne.
Über das, was kommen mag und was bitte nicht,
Über Freude an der Arbeit, über bittere Pflicht,
und über Arbeit und die Verantwortlichkeit,
über Hinschmeißen-Wollen, mir tut es nicht leid,
über Anfang und Aufhören und über die Zeit,
über Leben und Genießen, von Arbeit befreit,
über all das Versäumte und was doch noch geht,
über Leben und worin sein Sinn denn besteht,
über Leben und Sterben, über Abschied und Schluss,
und dass jeder sein Schicksal allein tragen muss.

Und dann geht es weiter, das gewohnte Ritual,
Leben ist Arbeit, so ist es nun mal!
Fragt mich einer oben, was ich sonst noch gemacht:
„Ich war so müde, habe nichts mehr gedacht!“

Rückgabe ans Mittelalter

Irgendwo habe ich es doch vor einigen Tagen gelesen, dass der große Feldherr Alexander, der bereits im 4. vorchristlichen Jahrhundert mit seinem griechischen Heer auch durch Afghanistan gezogen war, angeblich nichts mehr fürchtete als die Giftzähne der Kobra, das Gebiss des Tigers und die Rache des Afghanen. Diese antike Anmerkung passt zur finalen Phase des gescheiterten Versuches, nach 9/11/2011 aus einem Terrorstaat ein modernes islamisches Land zu machen – Rückgabe ans Mittelalter! Größtes Unheil schwant mir von der Rache der Afghanen, der von dem Westen verdrängten paschtunischen Taliban, die jetzt nach Abzug der westlichen Truppen wieder da sind und mit den Kollaborateuren abzurechnen gedenken. Vom Flughafen Kabul aus unterhalten Amerikaner und Deutsche, auch andere Länder sind beteiligt, für ihre Staatsbürger und mit ihnen assoziierte Afghanen eine Luftbrücke in sichere Drittländer, z.B. nach Dohar am Golf. Wenn man die allabendlichen Nachrichten-Bilder vom Geschehen um den Flughafen herum sieht mit dem immer größeren Chaos und die Unheil verkündenden Kommentare hört, denkt man an ein Ende mit Schrecken. Wie lange lassen die Taliban noch mit sich verhandeln, lassen den Flaschenhals noch offen? Es heißt, Ende des Monats sei Schluss … .

In panischer Angst vor Vergeltung versucht eine unschätzbare Zahl von Menschen aus der riesigen Millionenstadt Kabul, einem Moloch, trotz patrouillierender Taliban-Kämpfer und Kontrollstellen vorm Airport diesen doch irgendwie zu erreichen. Nach Abflug des letzten Flugzeuges und Schließen der rettenden Luftbrücke ist man gänzlich in den Händen der finsteren Taliban. Wie lange gestehen die Taliban den

Schutzkorridor noch zu, kann oder darf er überhaupt geschlossen werden? Die unzähligen, drängenden entwurzelten Menschen müssen einen Platz im Flieger ergattern, zurück können sie auch nicht mehr, ein Wunder müsste geschehen, stattdessen kommt es zu Massenpaniken, Schüsse fallen immer wieder. Draußen, vor dem letzten Taliban-Kontrollpunkt, vor dem Flughafen Menschentrauben, beäugt von verwegenen, martialisch aussehenden Glaubenskriegern auf der einen Seite und waffenstarrenden GIs der US-Army zur Sicherung des Flugplatzes auf der anderen Seite.

Es sind nicht nur sogenannte Ortskräfte, Einheimische, die in der Zeit der prowestlichen Regierungsphase in Afghanistan unter dem Schutz der Amerikaner und anderer westlicher Truppen im Lande mit diesen und für diese gearbeitet haben, ob als Dolmetscher, als lokale Verbindungsleute vor Ort, kleine Leute und höhere Ränge von Militär und Polizei ab 2002. Diese mit ihren Familien vor der Rache der Taliban zu retten und mit außer Landes zu nehmen, ist eigentlich eine Ehrenverpflichtung der scheidenden Westmächte. Die Amerikaner betonen immer, alle kämen raus. Zunächst war von ca. 8000 bis 10.000 Menschen die Rede, zuletzt hörte man vom US-Präsidenten Biden viel höhere Zahlen, 50.000 bis 60.000, die die Amerikaner zum Flughafen bringen und ausfliegen wollten, wahrscheinlich selbst erschrocken über die fast unerfüllbare Mission bis Ende dieses Monats. Und auch die Taliban wollen ran, haben Listen von Menschen, nach denen sie suchen – für die Zeit der Rache.

Die stillen Sympathisanten mit den Amerikanern, die nach der Rückkehr der Taliban wegen fehlender Mittel, Lobby- oder Auslandskontakten zum Bleiben verdammt sind, dürften in die Hunderttausende gehen, und diese tun gut daran, sich zurückzunehmen und sich sehr unauffällig zu benehmen. Bleiben müssen viele Angehörige der gesellschaftlichen Mittelschicht. In den 20 Besetzungsjahren durch den Westen war zumindest in den größeren Städten und in Kreisen eines immer schon bestehenden wachsenden Bildungsbürgertums und aufgrund der eingeführten Schulpflicht auch für Mädchen und Frauen gerade die erste Generation herangereift, die sich als weltoffene Angehörige eines modernen Islam verstand, die auch westlichen Wertvorstellungen zugetan war und versuchte, soweit es in einem islamischen Land möglich ist, ihren Weg zwischen Tradition und Moderne zu beschreiten. Unvorstellbar – aber auch auf sie wartet unter den Taliban der Rückfall in eine finstere, rigide Welt mit Bildungsverbot für Mädchen, Verbot von Musik und westlicher Mode, Verschleierung für Mädchen und Frauen und die Drohung der Scharia bei Fehlverhalten, auch schon bei Jugendlichen!

Angespannt, verworren und düster scheint die Zukunft, auch wenn das Thema der Ausfliegung von den in Frage kommenden Afghanen in die USA zur Chefsache gemacht wurde, endlich, möchte man sagen. Immerhin haben bei allem Misserfolg Amerikaner und Deutsche auf dem Verhandlungsweg diese Luftbrücke einrichten können. Letztlich müssen alle, die es bis zum Flughafen geschafft haben, und auch alle Ausländer mitgenommen werden können. In Deutschland stehen der Außenminister, die Nachrichtendienste und die Spitze des Verteidigungsministeriums unter starkem Druck. Frühe Meldungen über die schnelle Machtzunahme der Gotteskrieger in Afghanistan wurden nicht beachtet.

Da in Deutschland gerade auch die heiße Phase des Wahlkampfes für die Bundestagswahl begonnen hat, werden auch Afghanistan-Fragen in hässlicher Weise in wahlstrategische

Aktivitäten der politischen Lager mit eingemischt. Ein Lieblingsthema der Dumpfbacken ist ein Drohszenario mit Warnung vor einer Wiederholung der Flüchtlingswelle von 2015. Wer „Ausländer raus“ skandiert, hat kein Gespür für die Not der verzweifelten Menschen auf dem Flugplatz in Kabul. Ein Massenmord dort in Kabul muss mit aller moralischen Kraft verhindert werden. Und die Aufnahme-
ressourcen des feisten Europas sind noch lange nicht erschöpft, der Beitrag Osteuropas zur Bereitschaft lag bisher bei nahe Null. Die Menschen auf dem Flughafengelände jetzt alleine zu lassen, hieße, sie den mordlüsternen Taliban zu überlassen zur Durchführung grausiger Vergeltungsmaßnahmen á la Scharia, d.h. Auspeitschen, Köpfen, Hängen, Verstümmeln, Steinigen, und Kreuzigen!

Der Westen, und das sind wir alle, die hier im Westen leben, würde eine ungeheure Schuld, die kaum ermessbar ist, kollektiv auf sich nehmen. Staatengemeinschaft verweigert Hilfe in Lebensgefahr! Angesichts dessen können wir nicht einfach ruhig und abwartend bleiben, nein, wir müssen uns auf den Straßen lautstark bemerkbar machen, damit die erforderliche Diplomatie weiter befeuert wird und die ganze Welt sieht, was hier geschieht. Öffentlichkeit erhöht die Überlebenschancen erheblich. Sollte auch das misslingen, vom Gegner torpediert werden, dann müssen wieder Kampf und Waffen sprechen!

Sollten die Taliban zum symbolträchtigen Datum 9/11 ein weiteres zeitnahes Datum der Schrecklichkeit, etwa den 1.9. (9/1) durch komplette Abriegelung des Flughafens von Kabul an diesem Tag, hinzufügen wollen, müssen sie unweigerlich die harten Schläge einer Welt, die sich die Erste nennt, verspüren und fürchten lernen, das tödliche Gift des Kobrazahnes, die Effizienz der US-Super-Cobra-

Kampfhubschrauber und das Gebiss des Tigers, die Kampfkraft der Panzerbaureihe „Tiger“, moderne Version, schlimmer noch als die Rache der Afghanen. Bomben auf die Taliban, die unversöhnlich bleiben, Tod für die, die ihn ja unbedingt wollen!

Soester Kneipenträumerei

„Schlachthof“, „Wilder Mann“ und „Zwiebel“,
„Altstadt“ und das „Pilgrimhaus“.
Was hier einfach so beschrieben,
macht in Soest die Szene aus.

„Schlachthof“ war sein alter Name,
doch Töten war nie wirklich schön.
Wo einst des Schlachtviehs Leiber hingen,
hängt heut‘ Kultur, gut anzusehn!

Das Bistro hinter Glasfassade
serviert hier Speisen, Bier und Wein.
Wie ist's mit dir, kommst du noch mit?
Denkt ihr, ich ließ euch heut allein?

Gäb‘ es die „Zwiebel“ nicht, müsst‘ einer sie erfinden,
sie nimmt zwei Fachwerkhäuser ein.
Und das, was wir uns alle wünschen –
XL-Portionen – Jungs, hier gehn wir rein!

Das Zwiebelbier wird hier gebraut,
das dunkle ist so süffig wie das helle!
Man verliebt sich schnell in dieses Bier,
der Service ist sofort an Ort und Stelle.

Im Norden, da liegt „Christ“, einst Brauerei
– was also könnte soesterischer sein?
Der schöne Biergarten am Sommerabend,
hier trifft man sich, lädt hierher ein!

Zurück zum Markt, dem Mittelpunkt des Städtchens,
wie viele Tische man platziert, ist wichtig!!
„Der wilde Mann“ ist sehr gut aufgestellt,
es scheint, die jungen Leute machen’s richtig.

Wer Leute treffen will mit schöner Aussicht,
der sitzt hier ausgezeichnet, bestplatziert.
Der Abend zieht herauf, die Gäste essen,
mal sehen, was heut‘ Abend noch passiert!

Es geht aufs Ende zu, hier noch das „Altstadt“,
für einige ein Grund, nach Soest zu kommen.
Schmalhäusig ist die Front, es wogt die Szene,
man tritt herein und fühlt sich gleich willkommen!

Die Brüder Heppner taten selbst das Ihre,
und Bruder Reinhold schuf den Innenraum.
Und hier in lock’rer Runde um den Tresen
entstand, doch auch verblich so mancher Traum.

Zum Schluss das „Pilgrimhaus“, Jakobitor,
besuchen wir es noch auf ein Getränk!
Der letzte Gast nimmt Abschied vom Lokal
und hebt sein Glas wie ein Geschenk.

Das Messing blinkt so schön metallen,
als ob es heute erst polieret wäre!
Für jeden einen Drink im Stehen noch.
„Santé, auf Ihre und des Höchsten Ehre!“

Soester Pinkelrinne
(Ein Urolog)

Wieder konnten Kirmeslichter
Hunderttausende betören,
freudig staunende Gesichter
fest zum Bild von Soest gehören.

Essen, Trinken und Genießen,
Kirmes hat so viel zu bieten!
Tausende von Litern fließen –
und sie werden ausgeschieden.

Jeder muss mal, er und sie.
Dem Bedürfnis Rechnung tragen,
einerseits Gastronomie,
andrerseits Toilettenwagen!

Doch ganz neu hab ich entdeckt
jetzt die Soester Pinkelrinnen!
Zwar getarnt, doch nicht versteckt,
kann man dem viel abgewinnen!

An drei Stellen standen schon
Rinnen ganz aus Edelstahl,
in die Kanalisation
fließt direkt der Pinkelstrahl!

Ohne Wasser, kostenfrei,
nach der Kirmes abmontierbar,
Männer kommen hier vorbei,
scheiden aus, was einmal Bier war.

Frauen sind trotz alledem
nicht von ihrem Druck befreit,
doch der Mann ist das Problem,
der zum Wildpinkeln bereit.

Für euch gibt‘s Toilettenwagen
oder Unisex-Toiletten,
Männern muss man extra sagen,
dass sie sich zu setzen hätten.

Eine Gruppe macht betroffen,
die so vieles lässt vermissen,
männlich, jung, doof und besoffen –
sie wird überall hin pissen!

Dennoch sei der Pinkelrinne,
hier nochmal ein Lob gesungen,
ist sie doch in aller Sinne,
Dank sei dem, dem dies gelungen!

Soester Schnittchen

Butterbrote ihren Zwergen
schmierte schon Schneewittchen,
um die Kerle recht zu stärken.
So entstanden einst die Schnittchen!

Butterbrote schön halbiert,
Käse, Wurst und Gurkenscheiben,
mit Salat auch noch garniert –
so was musste zeitlos bleiben!

Viele werden es noch wissen,
dies war Kür und dies war Pflicht!
Keine Feier mocht‘ sie missen,
Ohne Schnittchen lief es nicht.

Doch dann kamen neue Zeiten,
Fingerfood und Canapés.
Catering hieß das Bereiten,
Spezialisten machten es.

Schnittchen hätt‘ man fast vergessen,
schienen sie doch viel zu bieder.
Doch mit neuen Raffinessen
kommen auch die Schnittchen wieder!

Lecker ist das Soester Brot
frisch belegt mit Fantasie,
macht nicht nur die Wangen rot,
schmeckt dazu so gut wie nie!

Soest hat ein weiteres Symbol,

die Schnittchen munden exzellent!
Kommt her und fühlt euch bei uns wohl,

zurück kehrt jeder, der uns kennt!

Zuerst war es nur dieses Foto, aufgenommen von unserer Terrasse aus. Die dunkle Hauswand, das leuchtende Schindelrot und darüber der blaue Himmel mit ziehendem Abendgewölk. Ich fand das Foto so schön und stimmungsvoll, dem musste ich ein paar Zeilen, passend dazu, beifügen.

Ein Sommerabend

Das Taglicht weicht, die Schatten steigen,
nur noch der Dachfirst leuchtet ziegelrot.
Am blauen Himmel weiße Wolken zeigen
Fantastisches aus ihrem Abendangebot.

Die Wolkenbilder sind nicht zum Verweilen,
vom Wind zerzaust, sind wie ein Spiel der Zeit.
Was Menschen aber mit denselben teilen,
das sind der Schein und die Vergänglichkeit.

Als Dunkelheit sich über alles senkte,
fand auch der Himmel schließlich seine Ruh.
Ein letztes Lied ein später Vogel schenkte
vom hohen dunklen First, ich hörte zu.

Spätsommerfrühling

Es war eine der Reisen, die man unternimmt, wenn einem klar wird, dass der Abend nicht mehr allzu fern ist – eine Reise im späten Sommer zu den Sehnsuchtszielen Italiens in das mediterrane Licht des Südens, geprägt von den Erinnerungen vieler Jahre. War es noch einmal möglich, länger zurückliegendes, gemeinsam Erlebtes mit neuem Leben zu füllen, staunenden Sinnes und mit weitem, offenem Herzen, so, wie wir beide es einst erlebt hatten?

Oberitalien, das Land direkt jenseits der Alpen, ist schon der Süden und doch mit der Art seiner kulturellen Dichte, seiner Ernsthaftigkeit und Kultiviertheit ein Teil des geistigen Mitteleuropas.

Auf einer der klassischen Routen der Italienreisenden, der Brennerstrecke, gelangt man südlich von Südtirol am Übergang der Alpen in die lombardische Tiefebene in die schöne kultivierte Stadt Verona mit ihrer Festspiel-Arena. Eine wunderbare Sommernacht verzauberte mit der Musik von Verdis „Nabucco" die ganze Stadt! Der Brentakanal mit seinen Palladio-Villen, der wievielte Besuch in Venedig mit all seiner Pracht, seiner Betriebsamkeit und seinen Menschenmassen. Das ruhige, alte, nobel erscheinenden Ferrara, stille Landschaften und Orte im Po-Delta (Commachio). In einem Pinienwald gelegen die uralte Abtei von Pomposa. Und dann Grado am Nordrand der Adria, Lagunenstadt und einstmals Fluchtpunkt für die Bewohner des Festlandes in den Stürmen der Völkerwanderungszeit. Heute ist es ein Seebad und doch gemeinsam mit der zerstörten römischen Metropole Aquileia Verwalterin eines antiken Erbes.

Mächtig erheben sich östlich davon die Berge des Istrischen Karsts über dem flachen Schwemmland. Hier beginnt die istrische Riviera bis zur Grenze bald hinter Triest. Am Beginn der felsigen Küste liegt an den Berg gekrallt der Ort Duino.

Schon einmal waren wir hier, in einem Winter vor etlichen Jahren. Klammer, feuchter Nebel kroch damals vom Meer hoch und hüllte alles ein. An kahlen Zweigen hingen noch nicht abgepflückte Früchte, frierende, kleine Orangen. Jetzt ist es Mitte September, späte Urlaubssaison, aber noch warm. Eine steile Straße führt zum kleinen Hafen hinab, Kinder baden an der Mole im Meer, auf der Terrasse des Restaurants werden Drinks serviert. Linkerhand thront auf einem Felssporn der alte Turm des Schlosses derer von Thurn und Taxis, in dem Rilke als Gast von Gräfin Marie 1912 einige Zeit verbrachte und wo er seine Duineser Elegien zu schreiben begann. In die einladende Atmosphäre dieses Ortes in der Abendsonne taucht man gerne ein. Die Weiterfahrt nach Triest wird morgen sein.

Der Blick schweift von der Terrasse über die Bucht, in der einige Boote dümpeln, bis zur jenseitigen flachen Küste Friauls. Es ist ein vielfach vom Schicksal geprüftes Land, italienisch und doch inhomogen mit wechselnden Identitäten. Hier im Karst verlief bis in die jüngere Vergangenheit die Grenze zwischen Westeuropa und dem kommunistischen Osten, das Blut der Isonzo-Schlachten des Ersten Weltkrieges tränkte diese Erde. Dies Land war hin und her gerissen zwischen Österreich und Italien, wurde seit der Antike ständig von Truppen durchzogen. Hier siedeln Romanen und Slawen, dazu kommt das österreichische K.u.K.-Erbe, literarisch und in den Köpfen der Menschen genauso wie in Form vieler Traditionen, von Denkmälern und dem Aussehen der Städte. Nichts aber, auch keine Schönheit, kann von Dauer bleiben, Wandel ist der Lauf der Zeit.

Zu keinem Ort in diesem Lande passen die von Rilke verfassten Elegien besser als hierher. Es sind z.T. schwer lesbare hymnische Verse mit oft nicht minder schwer verständlichem Inhalt. Darin entwirft Rilke ein metaphysisches Weltbild, beginnend mit Klagen über die Bedingtheit menschlicher Existenz, um schließlich mit Lob und Jubel über die Möglichkeiten des Menschen zu enden. Der Geist des Ortes inspirierte den Dichter über Jahre zu diesem elegischen Werk der poetischen Gestaltung des Prozesses oftmals schmerzlicher Erfahrungen bis zur Einsicht als eine Wandlung.

Wir beobachteten den wunderbaren Sonnenuntergang über der Bucht und blieben auf der Terrasse sitzen, auch als es dunkel wurde. Wir mussten gar nicht mehr so viel reden, nur schauen, die aufkommenden Gedanken beschäftigten jeden von uns beiden. Draußen, auf dem Meer, wohin der Tag entschwunden war, flammten Positionslichter auf. Aber nicht nur der Übergang vom Tag zur Nacht beeindruckte, in der Abenddämmerung schob der Ostwind auch eine dramatische, dunkle Wolkenfront vom Land her nach Westen. Das Wetter änderte sich, leichter Wind kam auf und einige Regentropfen fielen.

Wir saßen selbstversunken und berührt von dem Schauspiel der Veränderung. Von irgendwo her ertönte gedämpft moderne, rhythmische Musik, offensichtlich feierten dort junge Leute. Mit einem Mal wurde mir bewusst, dass meine melancholischen Gedanken, die mir hier so deutlich wurden, nicht zu der Welt jener jungen Generation gehörten, die hier ihr Leben entdecken und gestalten wollte und es auch tun würde. Duino war nicht nur Abendstimmung und Herbst, es gab hier genauso einen Frühling, den ich nicht kannte, und einen neuen, strahlenden Morgen!

Die leeren Gläser standen auf dem Tisch. Als wir aufbrachen, regnete es schon lange nicht mehr. Ich fuhr mit der Hand durchs Gesicht, es war feucht. War das vom Regen – oder waren es auch ein paar Tränen?

„Wer hat uns also umgedreht, dass wir, was wir auch tun, in jener Haltung sind von einem, welcher fortgeht? Wie er auf dem letzten Hügel, der ihm ganz sein Tal noch einmal zeigt, sich wendet, anhält, weilt – so leben wir und nehmen ständig Abschied.“ (Schluss der 8. Duineser Elegie)

Es ist nicht leicht, wenn man im Frühling stirbt, mein Freund

Es ist wohl Zufall und keine Absicht gewesen, dass nach langem Vorlauf jetzt im Mai das Soester Hospiz als stationäre Pflegestation und letzte Heimat für unheilbar Erkrankte mit nur noch kurzer Lebenserwartung eröffnet wird, ausgerechnet in dem Monat, der exemplarisch für das neu aufsprießende Leben steht. Auf der einen Seite überall Aufbruch ins Leben und andererseits Tod und der letzte, vielleicht schwere Weg dorthin. Eine Zeile aus dem Chanson „Le Moribond" von Jacques Brel fällt mir ein. „Es ist schwer, wenn man im Frühling stirbt, mein Freund ..."

Auf Hochzeiten gehen alle gerne, Beerdigungen aber sind manchmal eine sehr einsame Sache. Noch nie zuvor gab es für jeden so viele Möglichkeiten, sich im Leben zu verlieren und den Tod gedanklich auszuklinken, und doch wird ihm jeder begegnen!

Das Sterben zu Hause im Kreis der Familie ist seltener geworden, wohl auch weil es diese Familien fast nicht mehr gibt. Aber so wie das junge Leben zum Gedeihen den Frühling braucht, benötigt auch das zerbrechlich gewordene Leben von Todkranken mit all ihren Schmerzen, Unsicherheiten und Ängsten einen Rahmen oder einen bergenden Schutzmantel, ein „Pallidum", um dieses letzte, unbekannte Stück Wegs gehen zu können. Betreut von palliativmedizinischem Personal sollen sie und die ihnen nahestehenden Menschen hier einen schönen angemessenen Platz dafür finden, an dem auch der Mai noch mal zu spüren ist. Bitter ist nur, dass dies aber der großen Mehrheit versagt bleibt und blieb, Unzählige sind überall und zu allen Zeiten elendig und einsam umgekommen, wurden umgebracht, vielleicht namenlos verscharrt, und ich weiß nicht, was größer war, ihre Qual oder ihre Würde …

Von Berufs wegen des Öfteren mit dem Tod konfrontiert, bin ich doch trotz meiner christlichen Grundeinstellung immer wieder erschüttert und verunsichert durch seine Unerbittlichkeit. Ja, ich muss dem französischen Philosophen Claude Lanzmann zustimmen, wenn er vom „Tod als Zumutung“ spricht. Und dennoch schwebt mir eine umfassendere Sicht des Lebens vor, die uns alle eingebettet sieht in das Netzwerk des Lebens, das uns auch die schönen Dinge des Menschseins beschert, Erfahrungen, Liebe und Lebensklugheit, die unter dem Mantel der Erinnerungen, der uns umhüllt, für jeden Einzelnen geborgen und konserviert sind. Vielleicht kann all das Blühen dieses Monats auch in einem zu Ende gehenden Leben z.B. noch einmal Erinnerungen zum Blühen bringen, bevor dann alles rasch erlischt. Ein schöner Gedanke, der auch dem, der in dieses Frühlingshaus einzieht, vielleicht ein Lächeln abgewinnen mag. Hier werden die Rhythmen des Lebens gelebt und akzeptiert, der Mai kommt und geht wie das Leben. Wie die Zeit der Blüte gehören „Verblühen“, Sterben und Vergehen dazu – und für viele auch der Glaube an Auferstehung und an ein Wiedersehen. Noch bin ich Idealist und glaube daran, dass der wiederkehrende Mai beides ist, Lebenskraft und Abschiedskraft, Abschluss, Vollendung und Verheißung.

Nein, es ist nicht leicht, mein Freund, wenn man im Frühling, stirbt – aber du musst nicht alleine sein.

Strangers in the night

Wenn Frank Sinatra diesen Evergreen so hinreißend singt, summt man unwillkürlich mit. Der unvergleichliche Sound schafft eine romantisch-beschwingte Atmosphäre „Fremde in der Nacht ...“ – eigentlich ist es eine Lovestory – klingt auch wie eine Metapher für Aufbruch und Reise. Menschen in Aufbruchstimmung - ach ja, la vita e bella, das Leben ist schön!

Reisen als Imagination und Wirklichkeit, Begegnung mit dem Fremden – Stoff für Träumerei. Wir genießen heutzutage das Vorrecht, dass die Welt uns offensteht. Ob wir Erholung, Abenteuer oder eine Romanze suchen, wir streben auch nach dem Neuen, Unbekannten, wir suchen den Kick, von dem wir das Jahr über sonst vielleicht nur träumen. Die Deutschen sollen Weltmeister im Verreisen sein, trotz Wirtschaftsflaute. Wie schrieb eine US-Zeitung? „Eins, zwei, drei, vier – Hans and Fritz are coming here“ – egal, ob das Reiseziel Texel oder Texas heißt.

Die Urlaubssituation macht uns verständlicherweise Fremdem gegenüber aufgeschlossener. Mit einem Mal sind wir selbst die Fremdlinge, verstehen nicht die Sprache, setzen Gastfreundschaft voraus. Viele haben auch gelernt, dass lautes deutsches Auftreten nicht überall gut ankommt. Trotzdem gehen vorgefasste Meinungen mit auf die Reise: Südländer – ein bisschen (poco, poco!) unordentlich und viel Siesta; Japaner – Gruppenwesen, nur mit Kamera; Amerikaner – nur Englisch, aufgetakelt oder fett; Osteuropäer – Hochprozentiges und Autoschieberei; Araber – glutäugig und Fundamentalisten usw. Was andere Völker über uns denken, ist allerdings auch nicht immer schmeichelhaft! Verständnis erwächst durch Kennenlernen auch von Unterschiedlichkeit. Wir im alten Europa brauchen da gar nicht so weit zu reisen.

Reisen ist ein kostbares Gut, das wissen besonders diejenigen, die es nicht können oder konnten. Der – zugegebenermaßen – nicht immer leichte Umgang mit Fremden und Zuwanderern im eigenen Lande macht uns nicht unbedingt weltoffener. Zwiespältig ist oft unsere Einstellung: Zum Stichwort Türkei z.B. fällt einem im Alltag das Integrationsproblem, die Sache mit dem Kopftuch und die Dönerbude ein – im Urlaub eher das Club-Hotel in Antalya.

Reisen ist schön, Reisen bildet, Reisen verbindet. Mögen wir von dieser schönen Seite des Lebens durch Kontakte und Erlebnisse mit fremden Menschen soviel frische Unvoreingenommenheit mit nach Hause bringen, dass wir einander zugewandter begegnen und Fremdes und Fremde in unserem Land besser verstehen und respektieren. Bleibende Eindrücke lassen nicht vergessen, dass es jenseits des Horizonts noch eine andere Wirklichkeit gibt, die uns bereichert – und gelassener macht.

„Strangers in the night“ – sind wir das nicht alle irgendwie, auf der Suche nach etwas Glück? Sehnsucht ist unser Begleiter, fremd und unverstanden fühlen wir uns oft, unsere Reisezeit ist die Nacht. Auf den Bahnsteigen des Lebens gilt es, auf den Zug aufzuspringen, gemeinsam mit anderen einsamen Reisenden, um dem Morgen entgegenzufahren.

Einer fährt mit, wenn Sie es zulassen. „Und ob ich schon wanderte im finsteren Tal, fürchte ich kein Unglück, denn du bist bei mir, dein Stecken und Stab trösten mich.“ (Ps. 23,4)

Bon voyage!

Tage wie diese

Tage
wie diese, die kommen
und die enden im Gestrüpp des Alltags.
Tage,
die enden, so wie sie begonnen haben,
Tage,
die auf Nebel gebaut im Nebel verloren,
die dir zeigen, was du nicht kannst –

Solche Tage
sind auch zu bewältigen.

Peterchens Mondfahrt

20. Juli 2019 – was für ein Tag! Die Samstagszeitung des 20. 7. war voluminös: Extrabeilage 50 Jahre Mondlandung, Erinnern an das tragisch gescheiterte Attentat auf Hitler durch Graf Schenk von Stauffenberg vor 75 Jahren und gleichzeitig aktuelle Themenseiten über den Einzug neuer Techniken in unseren Alltag, die Elektromobilität auf den Straßen und auch der Einzug der digitalen Nachrichtentechnik in die Welt der Senioren, der „Silbersurfer".

Jedes der Themen signalisiert einen Aufbruch in eine neue Zeit. Das Jahr 1968 brachte die Studentenunruhen, den Protest und das Aufbegehren der jungen Generation gegen Altes und Verkrustetes, nach dem „Summer of love", 1967, hatte ein neues Zeitalter, das des Wassermanns, in der westlichen Welt Einzug gehalten. Die etablierte Gesellschaft hatte gerade begonnen, die neue wilde Zeit misstrauisch zu beäugen, als ebenfalls von Amerika ausgehend der Glaube an die unüberwindliche Macht der Technik und des menschlichen Erfindergeistes mit der Mondlandung am 20.7.1969 für alle ersichtlich einen grandiosen Höhepunkt erreichte. Wir packen das schon, auch die 68er werden wir kleinkriegen! Das 25-jährge Gedenken an das Stauffenberg-Attentat mochte zur Stimmung dieses Tages nicht so recht passen …

Heute, 50 Jahre Jahre später, ist der gesellschaftliche Wandel durch die 68er längst erfolgt, die Mondfahrt längst Geschichte, dafür kommt der Mars ins Gespräch, neue Forschungsnationen schließen auf. Eine Notwendigkeit aufgrund des atemberaubenden technischen Fortschrittes oder Ablenkung von den realen Problemen, die hier auf der Welt unbedingt gelöst werden müssen, wie z.B. der Klimawandel? Und das Erinnern an den Widerstand gegen Hitler ist heute angesichts eines Erstarkens reaktionärer und rechtsradikaler Strömungen weltweit, sogar in der EU, notwendiger denn je!

In Ruhe alt werden ist ein berechtigter Wunsch, auch die 68er sind mittlerweile längst Bewohner der Seniorenheime. Aber die Unruhe, die sie einst entfachten, müssen sie auch ihren Enkeln zugestehen, auch aus Sorge um deren Zukunft. Bald werden wohl auch immer mehr Senioren surfen und streamen, neue Möglichkeiten der Mobilität sind im Kommen. Das, was sie noch nicht verstehen – ich schließe mich da an – mögen die Enkel ihnen vermitteln, die verstehen's besser. Dafür könnten Oma und Opa ihnen vielleicht von dem Märchen „Peterchens Mondfahrt" erzählen, das als verfilmter Klassiker jahrelang regelmäßig zu Weihnachten im Fernsehen gesendet wurde. Ist die Geschichte von Peterchen und Anneliese, die gemeinsam mit dem Maikäfer Herrn Sumsemann eine traumhafte Nachtreise unternehmen, um dem Käfer das verloren gegangene und auf dem Mond versteckte sechste Beinchen wieder zu beschaffen, heute zu fantastisch und realitätsfern? Nein, wir brauchen heute viel mehr Fantasie, Empathie und visionäre Kraft, um gemeinsam zu überleben!

Tiefe Nacht - du wirst erwartet

Zehn vor zwei zeigte der Wecker auf dem Nachttischchen an, als sie aufwachte. Kurz nach Mitternacht war sie zu Bett gegangen. Der Abend, den sie bei Freunden verbracht hatte, war schön gewesen, alle hatten gut getrunken, aber beschwipst war sie nicht gewesen, nur hundemüde. Wie jeden Abend das gleiche Ritual, Wecker stellen, auf den Nachttisch ein Glas halbvoll mit frischem Mineralwasser und daraus noch einen kleinen Schluck Wasser. Dann war sie rasch eingeschlafen.

Es war nicht die Blase gewesen, die sie jetzt hatte wach werden lassen, nein, sie hatte geträumt, Wirres, u.a. von einem Vogel, der im Zimmer hin und her geflogen sei. Sie lag auf dem Rücken und starrte, gerade aufgewacht, zur Decke. Das Fenster war geschlossen, hier konnte auch kein Vogel reinkommen. Im Haus war es ganz ruhig, alles schlief, die direkte Nachbarwohnung war zurzeit leer und stand zur Neuvermietung an. Auch draußen war alles still, kaum ein Auto, das tief in der Nacht vorbeifuhr. Und ganz still und ruhig war es hier im Zimmer, kein flatternder Vogel, nichts. Traumvögel, Nachtgespenster und Nachtmahre hinterlassen keine sichtbaren Spuren, nur Gedankenspuren!

Sie richtete sich im Bett auf, konnte im gegenüberliegenden Wohnblock nur ein erleuchtetes Wohnungsfenster sehen, sonst war alles dunkel. Am liebsten wäre sie einfach liegen geblieben, um weiterzuschlafen, die Natur verlangte ihr Recht, aber da sie ja nun schon wach war, würde sie prophylaktisch einmal schnell zur Toilette gehen. Etwas kitzelte an ihrer Nasenspitze, fusselig-flauschig wie etwa eine kleine Daunenfeder oder ein größeres Staubgespinst. Sie rieb es mit der Hand weg.

Schlaftrunken saß sie auf der Bettkante, schaltete die Nachtischlampe an und schaute sich um, keine Spur von einem Vogel! Die kleine graue Feder, die vor ihr auf dem Boden lag, bemerkte sie nicht. Ansonsten war alles wie beim Zubettgehen, das Wasserglas stand da wie üblich, knapp halbvoll – nur schwamm jetzt in dem Wasser eine tote Fliege. Igitt, ausgerechnet im Wasserglas! Angewidert hob sie das Glas gegen das Licht, das Wasser war klar, sah jedoch an der Oberfläche stumpf und brackig aus. Und – jetzt nahm sie es deutlich wahr – es roch irgendwie eklig, dumpf-faulig! War das Glas nicht sauber gewesen oder war irgendwas mit dem Wasser? Mineralwasser, was plötzlich zu riechen anfängt, gab es so was? Irritiert war sie und verärgert zugleich, aber das würde sie heute nicht mehr klären, dafür war sie zu müde! Morgen, alles morgen! Dies Glas würde sie erst mal ins Bad bringen, auch als Beweismittel. Sie schüttelte sich bei dem Gedanken daran – und dabei hatte sich der eigenartige, eklige Geruch in ihrer Nase bereits eingenistet, sodass sie ihn bald überall roch.

In der einen Hand das halbgefüllte Wasserglas öffnete sie die Schlafzimmertüre, auf den dunklen Flur fiel der Lichtschein der Nachttischlampe. Links schräg gegenüber vom Schlafzimmer, vier, fünf Meter entfernt, lag die Tür vom Bad mit Toilette, daneben die Türe zur Küche. Die Türe zum Badezimmer war geschlossen, aber durch die Türritzen drang Licht. Das Licht im Bad brannte!

Ihr Ärger schoss erneut in ihr hoch, diesmal gegen sich selbst gerichtet. Sie musste, nachdem sie sich im Bad für die Nacht fertiggemacht hatte, vergessen haben, das Licht dort auszumachen, nur so konnte es gewesen sein! Was war los mit ihr? Sie stand im Flur, wenige Schritte trennten sie vom Badezimmer. Sonst war doch alles normal, aber was heißt schon „normal“? Nur dieses widerwärtige Wasserglas und der Geruch: Ging der nur von dem Wasserglas aus, oder stank es hier auch sonst wo?

Aus dem Badezimmer heraus drangen keine Geräusche – wie denn auch, wenn keiner drinnen war, keiner drin sein konnte! Plötzlich hatte sie das Gefühl, es könnte keine gute Idee sein, einfach so spontan die Badezimmertüre zu öffnen! Aber wer könnte denn hier in ihrem Badezimmer sein, sie war hier allein, alles war doch verschlossen, nichts deutete auf …

Trotzdem kam das merkwürdige Gefühl zurück: Warte, stopp, tu's nicht, warte!

Habe ich etwa Angst? Wovor? Ich bin klar bei Verstand und ich bin mir immer selbst Frau genug gewesen! Außerdem gibt es ringsumher Menschen, schlafend zwar, aber …

Mach's nicht, mach's nicht, der Gestank … Da stimmt was nicht.

Ich bin zwar alleine hier, aber ich bin ganz bei Sinnen, das Glas muss weg und ich muss da rein!

Bitte tu es nicht! Bitte! Das könnte nicht gut sein!

Sie stand einen Moment still, lauschend, nichts war zu hören, auch kein Geräusch aus dem Badezimmer. Sie hatte leicht zu schwitzen angefangen. Bloß keine Angst! Doch es war schon da, etwas Kaltes, die Angst, die nach ihr griff …

Komm rein, ja, komm, du wirst erwartet!

Sie wusste nicht, was sie erwartete, was denn schon? Ich muss das machen, Angst, du kannst mich … mein Gott, JETZT!!! Sie krallte ihre Finger um das Glas, ging zur Badezimmertüre – und öffnete sie …

Wer am nächsten Tag an dem Haus vorbeiging, sah die Rollläden ihrer Wohnung alle geschlossen und das blieb auch so lange, bis man sich nach einigen Tagen Zugang zu der Wohnung verschaffte …

Dunkler Albtraum

Vom Ariadnefaden träumte ich in einer Nacht.
Hat einst doch Ariadne ihn am Eingang festgebunden,
den Rest das Fadens aufgerollt dem Prinzen anvertraut,
der todesmutig eindrang in das dunkle Labyrinth,
um hier zu finden und zu töten jenen Minotaurus.
Damit er auch den Ausweg aus der Höhle fände,
könnt‘ er dem Faden rückwärts folgen bis zum Ende.

Erwacht bin ich in tiefer Nacht, zerrissen ist mein Traum,
und schlafestrunken ist zunächst mir fremd auch dieser Raum.
Die dunkle Nacht, sie schweigt, doch plötzlich wird es mir gewiss:
Ich selbst bin jener Prinz, bin immer noch im Labyrinth,
ist das der Minotaurus, der da in der Ferne brüllt?
Und ich spür‘ keinen festen Faden mehr in meiner Hand –
oh böse Wirklichkeit, dass Ariadnes Faden sei gerissen!

Arkadasim Türkiye – mein Freund, Türkei

Auch in unserer Stadt verfolgen die Menschen zutiefst beunruhigt die politischen Ereignisse als Reaktion auf den Putschversuch in dem Land am Bosporus, einem der wichtigsten Bündnispartner des Westens. Das innertürkische Geschehen hat längst auch die vielen bei uns lebenden türkischstämmigen Mitbürger erreicht, ein großer Anteil sympathisiert mit der aktuellen Entwicklung. Die Situation in der Nahost-Region ist schon kritisch genug, eine starke und demokratische Türkei würde dringend gebraucht! Die leuchtende, ansprechende türkische Nationalflagge sollte in eine für alle sichere und friedlichere Zukunft weisen, in der auch eine Lösung der Nationalitäten-Probleme in dieser Region gefunden werden kann!

Mögen die jetzigen türkischen Machthaber nach langen Phasen relativer kultureller und religiöser Toleranz im Osmanischen Reich sich dieser Tradition auch bei der zukünftigen Ausgestaltung ihrer Politik erinnern! Und wenn die moderne Türkei doch in die europäische Staatengemeinschaft strebt, dann sollte sie die dort für alle geltenden Werte, Normen und demokratischen Grundätze respektieren – und akzeptieren!

„Türkiye, was ist mit dir? Ich sorge mich um dich. Noch unlängst schienst du mir so vertraut, jetzt aber meine ich festzustellen, dass du dich veränderst. Wohin gehst du? Ich möchte es verstehen.

Sag es mir doch, wo gehst du hin, arkadasim?!"

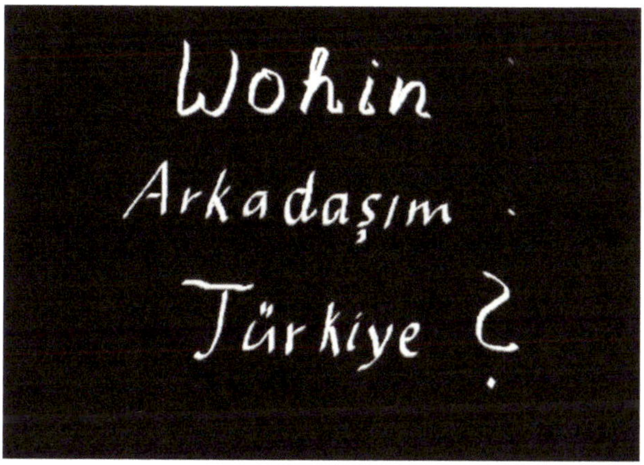
Wohin
Arkadaşım
Türkiye ?

Über die alte Liebe

Die „Alte Liebe“ ist ein Ort am Hafen,
der Abschied fuhr mit ihr aufs Meer hinaus.
Und wer zurückblieb, dem blieb nur
des ausgebrannten Feuers Glut
für kalte, einsamere Tage.

Was ist sie nun, die alte Liebe?
Ist sie die Kiste voller alter Briefe,
die Zahl der Bilder, der Erinnerungen,
Ist sie der Tisch, an dem wir sitzen
bleiben? Ist sie der letzte Wein?

Sie ist das, was sie war.
Sie hielt noch immer das zusammen,
was einstmals liebend sich berührte.
Ein Abschied ist doch nur ein Abschied,
das Ende aber kennt er nicht!

Die Liebe lässt sich nicht zerreden.
Sie kennt und sucht all jene Orte,
die uns an sie erinnern,
ist immer schon und längst
ein Denkmal an sie selbst gewesen.

Sie ist ein ständiges Vermuten,
sie ist Konzept und Tat zugleich.
Und damit ist sie das,
was wir erschaffen haben
für das, was wir die Liebe nennen.

Die alte Liebe,
sie ist jene Kraft,
die aus dem Nichts
sich immer neu erschaffen kann,
und die auch dann noch wirkt,
wenn sie schon längst erloschen ist.

Die alte Liebe ist der eine Zettel,
wenn man sich längst verzettelt hat,
der andere und das eine Bild,
ein Lächeln, welches niemals endet,
wie es gefangen ist im Augenblick!

Über die Einsamkeit in Corona-Zeiten

Ach, hehre Einsamkeit, ist es dir nicht genug,
über dem hohen Sternenhimmel mancher Nacht
oder hoch oben dort auf fernen Bergeshöhen,
oder in Klausen tief im Walde zu verbleiben,
wo stets dich die berührte Seele suchte?

Im Reich der Lyrik und der Poesie bist du
gemeinsam mit Erhabenheit und Schönheit
das Ziel so mancher Sehnsucht und Verehrung,
Bist du nicht auch die Kraft und Größe,
die selbst den tiefsten Abgrund noch durchmisst?

Doch nichts, was Menschen je als Äußerstes begehrten
oder als letzten Fluchtpunkt zum Entkommen sahen,
ist das, was sie in deiner Nähe mitleidlos verspüren –
es ist die hehre, aber mitleidlose Kälte
das Freisein vom letzten Rest nur von Gefühlen.

Das macht die Nähe zu dir, schon dein Kommen eisig!
Du bist als Selbst nie ganz für Menschen je erfahrbar,
Mag deine Rüstung noch so edel schimmern,
Erfahren kann der Mensch sie nur als nahende Distanz.
Und nie ganz voll, nur jeweils kurz mag sie ihm Nutzen bringen.

Jetzt aber finden wir dich hier, gespenstergleich,
vermehrt auf Erden und in Zimmer eingedrungen,
um bei den Alten, Kranken und bei Sterbenden
dir deinen Platz auf Dauer zu besetzen, einzunehmen,
der auch Besuchern, Freunden und Verwandten zugedacht.

Du siehst dich eingeladen durch das Schutzbedürfnis
vor Corona,
und sollte es schon eingedrungen sein,
sie abzuschirmen vor der Weitergabe auch nach draußen!
Stattdessen legst du deine schicksalskalte Hand auf eben jene,
die dennoch auch die Wärme und die Nähe ihrer Lieben brauchten!

Hast als Begleitumstand, doch nicht als Gast dich eingenistet,
bist der Erreger von der Krankheit Einsamkeit!
Du schuldest Antwort uns auf unsere Fragen,
du schweigst in langen, durchgequälten Nächten,
und lehrst uns, einsam heißt – vergessen werden!

Erlösung bringt dein stummer Freund, der Tod,
und bei den meisten war's ein virusfreies Sterben.
Mit Pfarrer und Bestatter waren es nur ihrer fünf,
um unlängst auf dem letzten Gang Geleit zu geben
einer fast unbekannten Nachbarin, vereinsamt.

Ein kleiner Rest an Hausstand bleibt zurück,
war rasch entsorgt, verteilt und bald vergessen.
Ich hörte nur, entsorgt war leider auch dies Stück,
sie habe einen schönen Lyrikband besessen –
über die Einsamkeit – sie ist ihr treu geblieben!

Jetzt gehen mit dem Jahr die hellen Tage,
und manche lange Nacht wird lange währen!
Und doch fällt auch in das einsamste der Zimmer
von Weihnachten ein heller Schein und der verheißt:
Ich leuchte auch in deine Abgeschiedenheit!

Man hat gelernt, besond'rer Schutz ist nötig,
doch braucht man keinen Wächter als Verhinderer!
Ein lieber Mensch bracht Kerzen mit und Plätzchen,
vertrauter Menschen Nähe lässt die Seele heilen!
Die Liebe soll die Einsamkeit nicht herrschen lassen –
Ist dieser nicht genug ihr hehres Reich?

... und das ewige Leben

Wissen wir, was wir da sagen, nachsprechen, mitplappern? Auf welche Dimension wir uns einlassen, zum Beispiel am Sonntagmorgen? Es ist wohl die schlichte Logik bezüglich der eigenen Vergänglichkeit, dass nicht sein kann, was nicht sein darf, dass wir glauben, wir wüssten, was wir glauben.

Ewigkeit wird heute als Zeitlosigkeit, nicht als endlose Zeit verstanden. Primär ein Begriff aus der Philosophie und der Physik, ist er einer der schwierigsten, weil man Unendlichkeit nicht sinnvoll definieren kann. Und keiner, auch kein Mr. Hawking, kann sich Ewigkeit gedanklich vorstellen!

Nur wenige vorhandene Phänomene gelten als wirklich zeitlos und ewig, das heißt, ihr Anfang und Ende können nicht gedacht werden, sie sind immer da. Das sind die Mathematik (allen Respekt!) und die Logik, nicht aber die Naturgesetze, nicht die Ethik, alles, was „Gut“ und „Böse“ betrifft, nicht die Zeit.

Ewig meint aber nicht unveränderlich, und damit rückt der Bereich der Schöpfung und der Religion ins Bild. Auch wenn unser Glaube auf einen ewigen Gott ausgerichtet ist, bedeutet das nicht zwangsläufig, dass dieser von Änderungen unberührt ist – mit direkten Auswirkungen auf die Schöpfung („Da reute es ihn, dass er die Menschen gemacht hatte“, 1. Mos. 6,6).

Wenn Menschen nun, wie es heißt, vor „Grundlegung der Welt“, also vor dem Ursprung des Kosmos, „erwählt“ und gewollt sind, haben sie dann nicht auch ewige Wurzeln und Perspektiven – stofflich, geistig oder spirituell?

Ewiges Leben, an das ich glaube, ist aber paradox. Lässt sich etwas Derartiges überhaupt ankündigen, wenn dabei Ewigkeit selbst der größte Unsicherheitsfaktor ist? Und trotz der uralten Sehnsucht nach Unsterblichkeit ist eine ewige Existenz der menschlichen Erfahrung so fremd, dass mancher Vorbehalte hat, zumal die Unaufhörbarkeit eines Zustandes auch als Perspektivlosigkeit empfunden werden kann. Der christliche Himmel kennt kein Erlöschen, kein Nirwana. Ständig „wach" sein müssen, selbst in Gottes Gegenwart, führt das nicht irgendwann zum Ermatten, zur Verweigerung? Kann man die Harfe auch mal weglegen?

Und all die anderen, die wegen ihrer Verfehlungen mit Gottes Gericht konfrontiert sind, müssen sie für ein verpfuschtes Leben von vielleicht 70 bis 80 Jahren ewig büßen und ihre Strafe ertragen, weil der gerechte Gott das so will oder wir das so verstanden haben? Oder lässt der ewige Richter irgendwann eine Revision zu? Wann ist genug der Qual, nach 10.000 Jahren, nach 90 Millionen Jahren, oder noch länger? Es passt nicht zu der großartigen Vision von Christus als Versöhner des Alls (Kol. 1,20), dass Gott von ewigen Straf- und Rachegedanken durchdrungen sein soll. Ganz abgesehen davon nivelliert die Vorstellung von Ewigkeit letztlich irgendwann alle Schuld und Sühne!

Die Sache mit der Ewigkeit ist komplex. Eine völlig andere Perspektive ergibt sich aus einer anderen Lesart des Urtextes. Die mit „ewig" bzw. „Ewigkeit" übersetzten griechischen Worte „aionios" und „Aion" bedeuten ursprünglich nicht „ewig" im Sinne von „unendlich", sondern bezeichnen einen begrenzten langen Zeitraum. Ob verheißenes Leben oder Gericht – beides wäre als äonisch, also zeitlich begrenzt zu verstehen. Dann ergibt auch der Ausdruck „von Äon zu Äon" einen tieferen Sinn – als Hinweis auf Unvergänglichkeit.

Wir sind in einem Dilemma: Gebunden an die schnelllebige Gegenwart, unterworfen dem Zeitstrom, der uns dahinrafft, konfrontiert mit einer Ewigkeit, die uns (noch) überfordert.

Das müssen wir akzeptieren. Aber achtsam mit der Zeit umgehen und die Zeitlosigkeit gewisser Augenblicke erfassen, das können wir schon jetzt. Der Barockdichter Andreas Gryphius hat dafür wunderbare Worte gefunden: „Mein sind die Jahre nicht, die mir die Zeit genommen, mein sind die Jahre nicht, die etwa mögen kommen. Der Augenblick ist mein, und nehm ich den in Acht, so ist der mein, der Zeit und Ewigkeit gemacht.“

Unforgettable

Tage der Liebe, unvergesslich,
Ja, sie sollten so sein!
Doch der Vorrat an Glück
am Tage der Hochzeit
war nicht unerschöpflich!
Das, was wir tatsächlich erfuhren,
war der Liebe Erschöpflichkeit.

Lebensbilder

Es ist unser Leben,
dessen Kraft uns befähigt,
es zu leben mit Mut und Freude
und es zu lieben wie einen sonnigen Tag
in der Fülle leuchtender Tage des Sommers.

Auch das ist Leben,
dessen Schwund wir spüren,
wenn die Kräfte des Sommers
statt zu schäumen, nur zögerlich fließen,
und des Lebens Kranz, herbstlich geflochten,
uns jetzt anders ziert als ein Bild unseres Lebens …

Was da blüht,
ist des Lebens Vielfalt.
Wer auch danach verlangt,
der erhält lebendiges Wasser
aus der Quelle des Lebens umsonst,
zu löschen den Durst schon im Frühling,
ein kraftvoller Trunk, der das Leben entfaltet.

Nur einer weiß –
die Tage werden dunkler,
Laub fällt – wo diese Reise hinführt,
lässt das Leben dahinziehen, frierend.
Nur er kann aus Ende Neuanfang machen.
Ein Licht erscheint - unsere Seele, oh Gott, ruft zu dir!

Versanden

Noch eben, oder war es neulich,
ging ich spazieren auf der Promenade,
und von vertrautem, festem Grund
ließ sich der schöne Blick genießen
aufs Meer und auf den breiten Strand.

Dann spüre ich den weichen Sand,
und sehe meine Fußspur, die mir folgt,
und Flugsand dringt in meine Kleidung,
überall hin, in Haar, Gesicht und Mund,
verweht vom Wind und seinen Böen.

Und langsam wird die Welt zu Sand.
Sand rinnt aus mir, den ich nicht kenne.
Sandig die Augen, Blicke, die versanden,
sandig der Mund, und Worte, die versanden,
sandig der Kopf, versandende Gedanken.

Das Meer wächst nicht, der Himmel bleibt,
doch immer größer wird das Sandmeer.
Und immer höher steigt die Furcht
vor meinem Ich, das Sand geworden,
mich schließlich unter sich begraben wird …

Verschwand

1.
Ganz unbemerkt –
geht mancher
aus dieser Welt,
wenn nichts und
niemand mehr
zurück ihn hält.

2.
Fällt nicht ins Auge,
spart Gefühle,
ein flaches Sterben,
nichts zur Erinnerung,
kein Abschied,
keine Erben.

3.
Wen keiner fragt,
der hält's bei sich.
Was soll er sagen?
Nichts von Belang.
Vergessenes
muss keiner tragen.

4.
Kaum einer, nein,
es fragte keiner,
wer es denn war.
Wofür noch wichtig?
Schon wegsortiert,
der Fall war klar!

5.
Und so verschwand,
ganz unbemerkt,
abgehakt nur,
nichts Wichtiges,
und davon auch,
die letzte Spur.

Will nach Süden ans Meer

(Text „Wort zum Sonntag“ am 4.7.2015 im Soester Anz.)

Diese Zeile drückt schon alles aus, eine Adresse für große und kleine Fluchten.

Urplötzlich ist es Sommer geworden! Er hat die Unentschlossenheit all der vergangenen Tage einfach beiseite gefegt und mit seinem gleißenden Licht und der geballten Wärme unser ganzes Leben in ein sommerliches verwandelt. Wichtigkeiten von gestern erscheinen nicht mehr ganz so wichtig, oder man nimmt sie mit raus in den Garten. Wir verhalten uns gemäß dem Paul-Gerhard-Lied „Geh aus, mein Herz, und suche Freud in dieser schönen Sommerzeit …“ – Ausgehen, Unterwegssein und Reisen sind angesagt.

Die Sehnsucht der Nordlichter nach dem Süden ist historisch begründet, schon in der Völkerwanderungszeit strebten unsere raubeinigen Vorfahren ins Römische Reich und übernahmen dort die Errungenschaften der griechisch-römischen Kultur. Im Mittelalter folgten Könige und Kaiser mit ihren Italienzügen, ab der Renaissance Künstler und Kunstbegeisterte, später die Bildungsbürger mit ihrer Begeisterung für das klassische Griechenland und Italien, bis der moderne Massentourismus einsetzte und die Deutschen sich mit Volkswagen und Campingausrüstung über Gotthardt und Brenner gen Italien aufmachten.

Dort entdeckten sie „La Dolce Vita“; es wurde nicht ihr Lebensstil, jedoch als Sehnsuchtsbild abgespeichert. Alle Probleme des Südens können diesem Image nichts anhaben, ob Schlendrian und Korruption, ob Finanzbankrott Griechenlands oder das gewaltige Flüchtlingsproblem unserer Tage. Schönheit und Ästhetik sind an die Orte und das Licht des

Südens gebunden, und wer sie finden will, muss sich die Mühe des Aufbruchs dorthin machen.

„Süden“ ist keine Philosophie, keine Religion, macht die Welt nicht besser, aber es ist eine lebensbejahende Sicht der Dinge, die selbst das Wasserglas mit Wein in der Hand des Ärmsten wie einen Kelch funkeln lässt. Wo auch immer unser Süden ist, immer wieder spüren wir die Sehnsucht nach dem Ort, der uns zur Sehnsuchtsheimat wurde. Ob auf Erden oder im Himmel, es ist ein guter Ort für die wunde Seele.

Die Titelzeile stammt aus dem Song „Schon so lang“ des deutschen Protest- und Folksängers Hannes Wader. „Bin müde und leer. Will nach Süden ans Meer. Bin auf meinem Weg ohne Wiederkehr, schon so lang.“ Manch einer ist müde und verbraucht, auch auf der Höhe des Sommers. Noch eine letzte Fahrt gen Süden, vielleicht bis ans blaue Meer! Es ist wie eine Reise nach Hause.

Villa Wannsee – der noble Vorhof der Hölle

„Sanssouci“ (ohne Sorgen) heißt ein Ausfluglokal am Berliner Wannsee. Direkt daneben liegt die Villa Wannsee, ehemals Villa Marlier, heute „Gedenkstätte Haus der Wannseekonferenz“.

Eine repräsentative Villa im italienischen Landhausstil in einem Park, der sich zum See hin öffnet, ein schöner Ort – und doch geschah hier Schreckliches. Am 20. Jan. 1942 fand hier die berüchtigte Wannseekonferenz statt. Fünfzehn hochrangige Vertreter der nationalsozialistischen Reichsregierung und der Administration berieten und beschlossen an diesem Ort unter Vorsitz des einladenden SS-Obergruppenführers Reinhard Heydrich detailliert die Koordinierung der zuständigen Behörden zur reibungslosen Durchführung des soeben anlaufenden Holocausts, d.h., die Deportation aller europäischen Juden nach Osteuropa und die Liquidierung daselbst. Das Protokoll dieser monströsen Konferenz befindet sich archiviert im Außenministerium.

Deutsche Gründlichkeit brachte die dato größte Vernichtungsmaschinerie auf den Weg, ein Krieg gegen die Menschlichkeit. Ausführende waren nicht nur SS-Leute, KZ-Wärter und deren verrohte Hilfskräfte, als Zulieferer dienten eine Heerschar ziviler Angestellter der nachgeordneten Dienststellen, Befehlsempfängerketten und Helfer bei Transport und Beschaffung. Sie funktionierten, fragten nicht weiter nach, träumten allenfalls mal schlecht, glaubten ansonsten lieber an den Endsieg – und vor allem an das Familienglück nach Dienstschluss. Nicht jeder ist zum Helden geboren …

Durch das geöffnete Tor betritt man den Park, ein eleganter Portikus lädt ein ins Haus. Drinnen ein prächtiges Treppenhaus mit Informationsschalter. Große, lichte Räume mit edlem Holzparkett, alles sehr nobel, auch im eigentlichen Sitzungssaal schweift der Blick immer wieder von den großen Tischen in den Park oder auf den See. Informationstafeln klären auf, leiten weiter. Gedämpftes Reden, Gruppen werden durch die Räume geführt, man kann sich aber auch selbst gut einen Eindruck verschaffen. Stets aufs Neue aber ist man wieder schockiert, mit welch unverhohlener Bosheit die NS-Propaganda die Juden vor den Augen des verführten Volkes dämonisierte. Die offensichtliche „Routine“ bei der Umsetzung der „Endlösung“ und die gewollte Pogromstimmung führte zu den Bildern des Grauens, die die hier einst Tagenden nicht zu sehen bekamen. Ich stelle mir jenen Tag vor – und plötzlich meine ich, die hallenden, schnellen Schritte der Ordonanzen auf dem Parkett und das Klappern der heranrollenden Servierwagen mit Erfrischungen für die Herren zu hören, dann die Einladung zum Mittagessen, „Bitte schön, auch die Herren draußen auf der Terrasse“, die erst einmal tief Luft holen mussten.

Einer der fünfzehn Teilnehmer dieser Konferenz war Adolf Eichmann, ein anderer, ein ehrgeiziger Staatssekretär, wohnte in jener Zeit mit seiner Familie in Soest, nur einen Steinwurf entfernt von unserer Terrasse, umgeben von Nachbarschaften. Lange vorbei, aber das Grauen der Erinnerung hat lange Schatten bei 6 Millionen Holocaust-Toten! „Stolpersteine“ im Pflaster erinnern an jüdische Nachbarn, die deportiert und umgebracht wurden.

Der Mensch als Maß aller Dinge? Bitte nicht! Zwischen „Sans souci“ und der Feststellung Paul Celans „Der Tod ist ein Meister aus Deutschland!“ liegen Welten, manchmal aber weniger als fünfzig Meter.

Vom Umgang mit der Pest

In dieser Corona-Zeit ist wohl jeder, auch der hartnäckige Leugner, darum bemüht, diesen ersten weltweiten Seuchenzug in modernen Zeiten gesund zu überstehen. Wir lernen Tag für Tag mit den Virologen Neues, die Verhaltensregeln zum Schutz vor dem Virus und seiner Weiterverbreitung werden ständig angepasst. Immer mehr wächst die Sorge, dass die Wiederbelebung der gestoppten Wirtschaft und des öffentlichen Leben nicht mehr wie gedacht gelingt. Zu all dem kommen andere Sorgen hinzu wie eigene Nöte, Klimawandel, Rassismus, wie der zurzeit gegen Farbige erkennbare in den USA, der die Gesellschaft spaltet. Grund genug, dass alle auf die Straße gingen, Corona verhindert es. Man spürt, wie die Krise auch unser Verhalten zu ändern beginnt, das aber darf uns nicht gleichgültig sein.

Der Roman „La Peste", auf Deutsch „Die Pest", von Albert Camus aus dem Jahre 1947, der dem Autor 1957 den Literatur-Nobelpreis einbrachte und ein herausragender Klassiker der modernen Literatur geworden ist, ist wie für die jetzige Situation geschrieben. Der in Algerien geborene Franzose Camus beschreibt meisterlich die fiktive Situation, wie in der Stadt Oran nach einem rätselhaften Rattensterben die Pest ausbricht. Camus analysiert die Vielfalt menschlichen Handelns in einer akuten Katastrophe. Alles, was Menschen auch in unseren Tagen an Reaktionen auf solch ein Geschehen zeigen und zeigten, klingt hier an, Abwiegeln, Zögern beim Anordnen von Maßnahmen, hermetische Abriegelung, Schuldzuweisungen und die Versuche, aus der Situation Gewinn zu schlagen, aber auch uneigennützige, aufopfernde Bereitschaft zur Hilfe.

Das Werk erschien 1947, kurz nach dem Ende des Zweiten Weltkrieges, den Camus als Mitglied der Résistance im Untergrund in Frankreich erlebte. Geschrieben während des Krieges, ist es damit auch seine literarische Aufarbeitung der Erfahrung mit der Pest der nationalsozialistischen Besatzung Frankreichs, der erlittenen Gewalt. Es ist ein zutiefst dem Menschen zugewandter Roman, der Versuch, dem Leben auch durch die Anerkennung des Absurden, der schicksalhaften Situation, die ein jeder gerade durchstehen muss, einen Sinn zu geben. Wenn die Lektüre eines Buches in diesen Tagen Sinn macht, gerade auch für uns Deutsche, dann ist es dieser Roman. Neben dem großen Corona-Thema wurde in den vergangenen Wochen an das Ende des Zweiten Weltkrieges und der NS-Schreckensherrschaft vor 75 Jahren erinnert. Es waren stille Gedenktage – wie ein stiller Schrei.

Der Roman endet mit einer sehr nachdenklichen Passage. Während in der Stadt das glückliche Überstehen gefeiert wird, denkt der Protagonist der Handlung, Dr. Rieux, daran, dass „das Pestbazillus nie stirbt und nie verschwindet …". Ähnliches gilt auch für das Gift des Extremismus. Wenn er an einer Stelle besiegt ist, droht er vielleicht an einer anderen Stelle. Und die betroffenen Menschen? Sie sind es, du und ich, die „trotz ihrer inneren Zerrissenheit gegen den Schrecken und seine unermüdliche Waffe ankämpfen … und die Plagen nicht zulassen wollen, sich aber bemühen, Ärzte zu sein." (Die Pest, 22. Auflage 2020, S. 350)

Nicht gleich Ärzte, aber achtsam müssen wir sein, wenn die Pest „ihre Ratten wecken und zum Sterben in eine glückliche Stadt schicken würde." (S. 350). Gegen das Böse muss man sich wehren, tapfer und mit Empathie. Das Letzte ist die Liebe, die das Absurde überwindet!

Vom Winde verweht

Wenn einer sich aufmacht, eine Reise anzutreten, ist immer Abschied dabei.

Man sagt „Adieu“ zu den Lieben, spürt ihre Umarmungen, Wünsche werden ausgesprochen, und das Versprechen, einander nicht zu vergessen. Wer etwas regeln muss, der regelt es jetzt. Und dann ist man weg.

Mancher Abschied ist kurz und unkompliziert, andere sind lang und schwer. Jeder hat seine Erfahrungen damit, keiner liebt sie wirklich, die Abschiede. Erspart aber bleiben sie keinem.

Scheiden gehört zum Leben genauso wie die Liebe zum Vertrauten. Jetzt, im Sommer, fügen wir dem Leben wieder frische Erinnerungsbilder hinzu und genießen die Wärme, die Farben, die Vielfalt – dass es doch so bliebe! Im Spätsommer dann, wenn die Farben blasser und das Licht milchiger werden, wird einem vielleicht mit Wehmut bewusst, wie schnell die schönen Monate verrinnen und auch erste Erinnerungen verblassen. Wie war es noch im Mai? Wo weht er hin, der Sommerwind?

Vor einigen Wochen hat Werner Schmidt seine letzte Reise angetreten. Er war ein Mann, der die Kunst liebte, ebenso das gesprochene und geschriebene Wort, und dem es ein Anliegen war, Worte des geistlichen und menschlichen Zuspruchs zu finden. Ohne sein Wirken als Initiator, Koordinator und Mitautor gäbe es das Wort zum Sonntag in der uns vertrauten Form in dieser Zeitung nicht. Auch ein Abschied.

Viele sind aufgebrochen auf ihre Weise, mussten aufbrechen, als ob es ein Ziel gäbe, das keiner kennt. Spurensuche im Sand der Geschichte. Vielleicht hilft die Pflege der Erinnerungen und das Einteilen der Zeit in Abschnitte, die eigene

Vergänglichkeit zu akzeptieren und die Furcht zu verlieren, bedeutungslos zu sein.

Wenn der Begriff Schicksal gerne für bedeutsame oder dramatische Aspekte eines Lebens verwendet wird, ist es dann nicht auch Schicksal, dass wir alle nur Dahingehende sind? Von dem Dichter R.M. Rilke stammen die Zeilen:

„Wer hat uns also umgedreht, dass wir,
was wir auch tun, in jener Haltung sind
von einem, welcher fortgeht? Wie er auf
dem letzten Hügel, der ihm ganz sein Tal
noch einmal zeigt, sich wendet, anhält, weilt –,
so leben wir und nehmen immer Abschied."

In einer Haltung sein, verweilen und fortgehen – das sind zutiefst Kennzeichen des menschlichen Lebens, und sie verleihen ihm eine schlichte Würde angesichts eines ewig gültigen Gesetzes. Abschied als Grundeinstellung, Abschied als Zeremonie des Lebens, damit sich letzteres fortsetzen und vollenden kann.

Nicht nur stille Lebensläufe, auch Schicksalstürme kommen irgendwann zur Ruhe. Irgendwann sind auch große Taten und Namen vergessen, vom Winde verweht. Der, der den Zeitstrahl schuf und der, der uns umgedreht hat, ist uns keine Rechenschaft schuldig. Er lässt den Wind wehen, wo er will. Wir hören sein Brausen und wissen nicht, woher er kommt und wohin er fährt. Wir, mit all unseren Fragen. Einmal werden wir es wissen, vielleicht, woher und wohin – das letzte Geheimnis.

„Weihnachten – na und?"

Tunnelblick, verklärter Blick oder was für eine Perspektive angesichts des Nahens des Festes der Feste? Wochen voller roter Kapuzen, Engelchen und Lichterglanz erfüllen viele Zwecke bei allerdings nur geringer Nachhaltigkeit, das religiöse Basiswissen ist nur mehr rudimentär vorhanden. Zunehmend stört mich die Perfidie, mit der die Christen eines ihrer höchsten Feste im wochenlangen Hochglanz-Konsumrausch versinken ließen. Wir alle sind wohl durch tolle Illuminationen und Leckereien zu beeindrucken, aber Weihnachten denken alle: Zum Glück ist's vorbei. Ich habe immer größere Schwierigkeiten damit, den Anspruch von Weihnachten als Fest der Liebe und die Selbstinszenierung dieses Festes zu vereinbaren!

Von Kindheit und Jugend her evangelisch-christlich geprägt und trotzdem weltoffen, dieses Bild wollte ich immer vermitteln. In meinem privaten Umfeld treffe ich zumeist religiös nicht gebundene Menschen mit einer vielfach humanistischen Einstellung, und ich muss gestehen, dass ich mich als Christ oftmals durch die von vielen vorgelebte menschliche Aufrichtigkeit und Geradlinigkeit beschämt fühlte. Und trotz einer universalistischen Glaubenseinstellung mit der Anmaßung, für andere mitglauben und so die Welt zu retten, wird mir klar, dass es einen einfachen Glauben für mich nicht mehr gibt. Warum? Einerseits ist es das erschreckende Ausmaß des von Menschen einander zugefügten Leides (Stichwort „Holocaust") als Ausdruck menschlicher Niedertracht, zu der ein wohlwollender, anwesender Gott nicht einfach schweigen könnte oder im Gewährenlassen gar seinen Willen bekunden würde. Das andere ist die zunehmende Erfahrung von Endlichkeit – Tod wird zum Thema – und die

Erfahrung einer uns eigenen Tapferkeit, damit umzugehen, ohne direkt jeden einzubinden in ein religiöses Gefüge, das mich sogar noch exkulpiert. Nur im verantwortungsvollen Umgang miteinander lässt sich der hohe ethische Anspruch der Menschenrechte umsetzen, die Lebensgestaltung am Wohl auch der anderen auszurichten.

Wir brauchen mehr Liebe in dieser schönen und beschissenen Welt. Wenn in Bethlehem deutlich werden sollte, dass Gott aus Liebe als ein Kind in die Welt kam, wo ist die göttliche Liebe dann geblieben? Man muss sie bei sich suchen und andere spüren lassen, dafür muss man nicht religiös sein. In einer Welt egoistischer Angsthasen möchte ich mehr Aufrichtigkeit von mir einfordern. Ich spüre, wie meine noch verfügbare Zeit abläuft, will meinen Weg als Mensch zu Ende gehen. Ist es unsere Welt, der die Engel die Weihnachtsbotschaft überbrachten? „Ehre sei Gott in der Höhe und Friede auf Erden und den Menschen ein Wohlgefallen!“ Was bleibt von der Liebe, gibt es eine allerletzte Freiheit? Bin gespannt, wie „totaliter aliter“ aussieht! Eine große Mehrheit aber dürfte das, was der große griechische Schriftsteller Katzantzakis 1956 auf seine Grabplatte in Herakleion hat einmeißeln lassen, als letzten Wunsch auch für sich akzeptieren: „Ich hoffe nichts, ich fürchte nichts, ich bin frei.“ Die Freiheit des Nichtseins …

Weihnachtsfinale

Es liegt kein Schnee, ist kalt und nass,
drin leert sich manche Plätzchenschale.
Von Festlichkeit versteht er was,
der Baum, doch träumt er vom Finale.

Zur Weihnachtsmesse kamen alle,
das Warten fiel den Kindern schwer.
Bescherung soll in jedem Falle
bei Oma sein, wir kommen her!

Weihnachten so schön wie immer,
bei Oma gibt's Kartoffelklöße,
man räkelt wohlig sich im Zimmer,
das Fernsehn bringt die Festesgröße.

Das Kaffeetrinken kommt zum Schluss,
die Oma weint ein Abschiedstränchen.
Ach, dass man immer scheiden muss!
Schaut mal, ich hab noch schöne Fähnchen.

Die Hirten gingen froh im Herzen
zurück, wir fahren Autobahn.
Und wir vertrauen unsrem Papa,
dass er uns wird nach Hause fahrn.

Westwärts weht der Wind

Die völlig aus den Fugen geratene sunnitisch-schiitische Balance des Irak hat dort, wo einstmals die Wiege menschlicher Kultur stand, die Pforten der Hölle geöffnet. Ihre apokalyptischen, schwarzen Reiter schwärmen zu einem unbarmherzigen Vernichtungsfeldzug aus, gegen alle und alles, was nicht so ist wie sie. Dabei zielt dieser bösartige Wüstensturm eindeutig nach Westen, in Richtung Syrien und Mittelmeer, eine Bedrohung auch für Israel und die westliche Welt. Die superreichen Golfstaaten, an Dekadenz dem Westen wohl noch überlegen, haben dagegen nichts zu befürchten!

Der IS hat mit der Einnahme und Beschädigung der einmaligen Ruinenstadt Palmyra in der syrischen Wüste, dem Berührungspunkt der antiken nahöstlichen und griechisch-römischen Welt eine rote Linie überschritten. In keiner Weise nennenswert geschwächt geht IS auf weiteren Eroberungszug gen Westen und treibt dabei eine anschwellende Welle von Flüchtlingen, die zu den Flüchtlingsbooten nach Europa streben, vor sich her. Das ausgeblutete Syrien wird nicht mehr lange Widerstand leisten können. Damaskus, vom Assad-Clan verlassen und von einer demoralisierten Armee nur noch schwach verteidigt, wird fallen, der schwache Libanon wird überrannt. Irgendwann steht der IS am Mittelmeer, an der israelischen Grenze, ca. 150 km vor Jerusalem.

Der schöne Nahe Osten! Aber man kann ja diesseits und jenseits des barbarischen Terrorstaates tollen Urlaub machen, in schönen 5-Sterne-Hotels in Erdogans Reich und in den Golfstaaten, dem Las Vegas aus 1001 Nacht. Und bald gibt es ja hier auch die Fußball-WM, extra im Dezember zum Weihnachtsshopping. Die Fifa weiß sich zu revanchieren und wird auch dafür sorgen, dass die IS-Delegation und deren Freunde ihren Spaß haben werden. Der IS könnte doch auch bei der Eröffnungsfeier die schwarze Fahne schwenken, in den Halbzeitpausen ließen sich Steinigungen durchführen, und nach jedem Spiel könnte man die Zuschauer entscheiden lassen, ob dem Schiedsrichter der Kopf abgeschnitten werden soll!

Der Spiegel-Beitrag in der Pfingstausgabe über den erstarkten IS macht erneut ratlos. Offensichtlich kann das christliche Abendland mit dem Heiligen Geist nicht mehr viel anfangen, seine Inspiration reicht vielleicht gerade noch für ein bisschen Gutmenschentum. Doch das reicht nicht gegenüber dem Wüstensturm! Vielleicht kann man aber von der Fifa lernen. Man muss nur aufgeschlossen sein, dann kommt man ins Geschäft – und dann gibt es vielleicht noch eine Betäubung, bevor sie einem die Kehle durchschneiden …

Wilfrieds letztes Jahr

Wilfrieds letztes Jahr, das unvollendet,
nur halb gelebt, jedoch mit Plänen angefüllt,
ein Schatz, der sich nicht selbst verbirgt,
und die Truhe, die sich selbst nicht schließt,
ein dickes Buch, das aufgeschlagen,
stets offen bleibt, von keinem zugeklappt.
Schon als es anfing, ahnte dieses Jahr,
was ihm trotz aller Fülle war zuvor bestimmt,
dass nicht ein Abschluss es beschließen werde.
Vielleicht würd' ihm ein Mittendrin, ein Ende
jäh beschieden sein, sodass es sich
darin ergründen und begnügen müsste,
dass man es lesen könne wie ein Buch,
um seiner Sätze, nicht des Endes wegen,
um seiner Worte und der Sprechgebilde,
auf dass sie aus den Seiten quellen,
und ihre Blüten treiben und entfalten,
den Lesenden bisweilen bannen,
vielleicht an einer, nur an einer Stelle,
um ihm zu zeigen, was kein anderer sieht
und andere niemals wissen werden.
Wer liest, beginnt, und er bestimmt
für sich dabei den Anfang und das Ende.

Der Sommer kam und dann der Herbst,
der Abschied färbte schon das Laub.
Der Körper welkte, fiel in Schlaf,
Der Schmerz, das Leid, sie gaben sich die Hände,
doch nichts verbot ihm, so zu sein,
wie er es stets gewollt und es der Traum befahl.

Und eines Tages ist er fortgegangen, eingeschlafen,
und keiner sah es, könnte es bezeugen,
dass er die Truhe seines reichen Lebens
und seiner vielen Pläne zugeschlossen hätte.
Ist sie noch offen, unverschlossen?
Und auch das Buch, in das er schrieb,
bevor er ging – hat er es zugeklappt?

Wölfe im Bergischen Land

Trau, schau wem – und schon mal gar nicht jedem Wolf, dem man begegnet! Den Fehler hatte nämlich schon das allseits bekannte Rotkäppchen gemacht und sich nicht an die Regeln gehalten. Und was dann geschah, das wissen wir ja! Und das gilt nicht nur für kleine Mädchen, Wälder oder abgelegene Gegenden, sondern auch für unsere Alltags-Umgebung.

Unlängst hatte ein guter Bekannter erzählt, dass sich bezüglich eines geplanten Familienbesuches hier in Soest u. a. eine Schwierigkeit ergeben hätte, weil eine zur Familie gehörende Stute ein Fohlen bekommen habe, das sie aber ungern mit seiner Mutter draußen auf der Weide allein lassen würden, denn in jener Gegend seien aktuell die Spuren von drei Wölfen nachgewiesen worden. Nein, nicht in Ostbrandenburg, sondern im Süden des Bergischen Landes, im Rhein-Sieg-Kreis! Unwillkürlich überlege ich, wann ich das letzte Mal im Wald war … Ab sofort nie mehr ohne Stock!

Wölfe im Bergischen Land – das klingt so irrational, ein bisschen so wie „Schnee am Kilimandscharo". Letzteres ist jene auch verfilmte Erzählung des amerikanischen Schriftstellers und Abenteurers Ernest Hemingway, der u.a. als Großwildjäger immer wieder die Begegnung mit dem Wilden und der Wildnis suchte, bis hin zum Extremen, bis hinauf zum ewigen Schnee auf Afrikas höchstem Berg nahe dem Äquator. Aber hier geht es um eine Landschaft im Dunstkreis der großen rheinischen Städte, wo Berufs-Tagespendler wohnen, wo es Autobahnen, Ausflugsziele, jede Menge Touristen und Radfahrer gibt und wo Rotkäppchen auf dem Weg zur Oma wohl auch das Fahrrad hätte nehmen können.

Da ist man zunächst erst mal baff! Wölfe kurz vor Köln? Man hat ja immer wieder gelesen, wie erfolgreich sich die Raubtiere bei uns hier ausbreiten, weil sie offensichtlich bei ihrem Umherstreifen enorme Strecken zurücklegen können und gar nicht mal unbedingt tiefe Wälder brauchen, sondern lernfähig und anpassungsfähig scheinen und weil hier in unserem reichen Land augenscheinlich auch für den Wolf der Tisch üppig gedeckt ist. Wie gefährlich ist der Wolf? Den Menschen greift er nicht an, er ist nicht in seinem Beuteschema. Dafür gibt es aber ganz andere „wölfische" Gefahren für uns!

„Homo homini lupus" – Der Mensch ist dem Menschen ein Wolf. Das Zitat stammt vom römischen Komödiendichter Plautus, der englische Philosoph Thomas Hobbes (1588-1679) sah darin ein typisches Verhalten des Menschen, raubtierhaft, egoistisch, dem dringend durch Gesetze und Vorgaben der Obrigkeit entgegengesteuert werden müsse. Ein beklemmendes Bild – die Wölfe sind schon da, sind mitten unter uns, die Wölfe hausen längst hier. Es sind die Unbarmherzigen und Unbelehrbaren, die Denunzianten und Stalker, die Betrüger und die Unersättlichen, die Korrupten, Bestechenden und Bestochenen, die Wirtschaftskriminellen und die Scheinheiligen, die Missbrauch Übenden und die Vertuscher, der Böse dort – und der Böse hier an meinem Tisch, der finstere Gedanke in mir selbst … .

Die Liste wird länger und länger! Was tun? Dagegen hilft keine Wildbiologie, und der Jäger, der den Wolf erlegte und die offensichtlich noch unverdaute Großmutter samt Rotkäppchen aus dem Tier rausholte, kam zu spät und ist und bleibt Fiktion. Eigentlich weiß jeder, dass man bei sich selbst anfangen muss, um das Wolfsblut zu zügeln. Es gibt uralte Menschheitsregeln, schon im Alten Testament heißt es beim

Propheten Micha: „Es ist dir gesagt, Mensch, was gut ist und was der Herr von dir fordert, nämlich Gottes Wort halten und Liebe üben und demütig sein vor deinem Gott!“ (Micha 6, 8). Man muss das nicht alles neu diskutieren. Es gibt nichts Gutes, außer man tut es. Auch bei der Gefahr freilaufender Wölfe im Bergischen Land … und das sind viel, viel mehr, als man denkt!

Zum Jahreswechsel

Verklungen ist der Weihnachtsjubel, auch Weihnachten ist nun vorbei. Und ruhiger wird es nach dem Trubel, und eine Mehrzahl hat auch jetzt noch frei.
So wie der Festtagsglanz entschwindet, drängt uns die Zeit zum Weitergehen. Doch wo das Jahr an Jahr sich bindet, da bleibt die Weltenuhr kurz stehen.
Zwischen Bilanzen und Beenden mit einer Altjahres-Entschiedenheit und zukünftigen Tatbeständen fünf Tage beträgt die Zwischenzeit.
Büros und alle Agenturen, die öffnen erst im neuen Jahr. Und ticken auch korrekt die Uhren, die Zeit nimmt man jetzt anders wahr!
Die Tage laden zum Verweilen, um vom Termindruck meist befreit, mit anderen mal zu verweilen, die Leute treffen sich und haben Zeit!
Die großen Dinge, die passieren, die löst man nicht in dieser Phase. Beim Lesen, Reden und Spazieren liebt man die unbeschwerte Phrase.
Es sind vielmehr die Bagatellen, Persönliches, das kleine Glück, dem es gilt heute sich zu stellen; die Sorgen finden rasch zurück!
Zum Abschluss dieser Zwischenzeit gibt jedes alte Jahr ein Fest. Beginnend mit Besinnlichkeit, Silvester es dann krachen lässt!
Ein Feuerwerk um Mitternacht – die Weltenuhr setzt passend ein. Der Januar ist sehr bedacht, ein guter Gastgeber zu sein!
Neujahr ist frei, und sehr verhalten geht auch der Januar an seinen Start. Um seine Kräfte zu entfalten, er bis zum Ferienende harrt!
Dem Jahreswechsel sei ein Lob gesungen,

er wird dem Menschen sehr gerecht!
Und ist`s nicht immer so gelungen –
war's nicht der Wechsel, die Akteure waren schlecht!

Zum Reisen

Als alter Mensch reist man nicht gerne,
so sagt man, sehr weit in die Ferne.
Doch wird der Mensch grad rentenreif,
dann schätzt er doch noch real Life.

Ihn treibt nicht mehr der Jugend Kraft,
wozu auch, wenn er's anders schafft.
Man muss nicht mehr am Abgrund stehen,
kann vieles aus Distanz auch sehen.

Entscheidend ist, dass jede Reise
ein Aufbruch ist auf ihre Weise.
Wohl abgestimmt und kraftgemäß
erheb' den Geist – und das Gesäß!

Wohin es im Speziellen geht,
in jedermanns Belieben steht.
Kommt man zurück, ist wieder da,
weiß man, „wie schön ist Panama!"*1*

Zum Reisen fehlt oft der Elan,
mir unlängst auch, hab's doch getan.
Die Reiselust war plötzlich da –
in Spanien, England, Afrika!

---

*NACH DEM TITEL DES KINDERBUCHES VON JANOSCH „OH WIE SCHÖN IST PANAMA"

Ich hätte wahrlich viel versäumt,
so vieles, wovon ich geträumt!
Erholung hol` ich mir zurück,
erst kommt der Stress und dann das Glück!

Zum Tode von Muhammad Ali bzw. Cassius Clay am 3.6.2016

Die Welt ist ärmer geworden an diesem 3. Juni, Soest auch. Die Box-Legende Muhammad Ali, alias Cassius Clay, ist tot! Ich hatte nie eine sonderliche Affinität zum Boxsport, aber dieser Mann und seine Kämpfe faszinierten. Auch ich habe in den Siebzigerjahren den Wecker gestellt, um die nächtliche spektakuläre Direktübertragung zu sehen. Ich, der Mehlwurm, ich, der Box-Fan!?

Er gehörte zu der Zeit, in der die Nachkriegsgeneration zunehmend gegen die Welt der Eltern rebellierte. Ich war zwar wohlbehütet aufgewachsen und gab mich konservativ, aber in mir schlug ein irritiertes Herz, das ein anderes Mitleid empfand und sich doch nicht traute, wild zu sein. Ich glaube, so oder ähnlich ist es vielen ergangen, nur waren wir feige Cowboys.

M. A. war weder ein Rockstar noch ein Revoluzzer, allein seine Technik und die psychische Stärke seines Auftretens und sein Charisma machten diesen Mann zum Giganten. „I am the greatest“ rief der gutaussehende dunkelhäutige Underdog mit der großen Klappe, anderswo „Nigger“ genannt, und er wurde es und blieb es – bei Triumpfen wie bei Niederlagen. Amerika war nicht nur der goldene Westen, Cassius Clay war Teil eines anderen Amerika. Heute verstehe ich auch, warum er zum Islam konvertierte. Dieser Schritt wie auch die Verweigerung des Militärdienstes war seine Art, den Glauben an Gott und an sein Land, an den amerikanischen Traum zu verwirklichen! Dabei blieb er durch und durch amerikanisch, erzielte mehr Sympathie für sein Land als so mancher smarte Präsidentschaftskandidat.

So heftig seine Boxschläge waren, so groß war seine Herzensgüte. Seine Bereitschaft zum Frieden fand im älter werdenden M. A. quasi ihre Symbolfigur. Jeder ahnte, dass M. A. irgendwann seiner Parkinsonerkrankung erliegen würde, jetzt ist es geschehen! Die Welt hätte ihn noch gebraucht, vielleicht bald schon in Paris, vielleicht in Rio de Janeiro, den aufmüpfigen und doch zugewandten US-Amerikaner islamischen Glaubens mit dem weiten Herzen, den zittrigen, ungelenken, alten Mann, der auch jetzt immer noch tapfer kämpfte – um sein Gleichgewicht und für Versöhnung untereinander. Mein Gott, er fehlt, er war der Größte, und dieser Mythos darf nicht sterben!

(Anmerkung/Erklärung: In den genannten Orten Paris und Rio de Janeiro fanden zu jener Zeit 2016 wichtige Weltklimakonferenzen statt mit vielen Streitereien!)

Zur Loreley am Mittelrhein

Ich weiß nicht, was soll es bedeuten,
wir fuhren niemals hierhin!
Warum wir die Reise scheuten,
wir hatten meist andres im Sinn!

Ob bei Dunkelheit oder im Hellen,
es war fast wie Tagträumerei,
wir bereisten so viele Stellen,
auch Italien war immer dabei.

Doch Corona hat diesmal geboten,
und Leidenschaft wurde zur Glut,
um ganz anderes auszuloten,
den Mittelrhein, und das war gut.

Wo einst sich die schönsten Frauen
kämmten ihr güldenes Haar,
war schön auf den Rheinstrom zu schauen,
Loreley, jetzt war`n wir doch da.

Im Strom fängt heut‘ keiner hier Fische,
Herr Fischer ist ein normaler Tourist
oder kellnert für uns bei Tische,
im Hotel, wo so fein alles ist.

Und so haben wir sehr genossen,
die Tage am gastlichen Rhein,
wir haben mit Wein sie begossen,
waren froh, endlich hier mal zu sein!

Italien, wir grüßen dich herzlich,
dies war eine sehr schöne Pflicht,
vermisste jemand dich schmerzlich,
hier fehltest du uns aber nicht!

Zwei Möwen

Zwei Möwen sitzen an der Elbe,
doch sind die beiden nicht dasselbe!
Die eine eher norddeutsch-spröde,
die andere zeigt mehr Lebensfröde!
Die Frohnatur, im Rheinland häufig,
ist hier im Norden nicht geläufig.
Man macht das hier nur mäßig gern,
als käme es vom andern Stern.
Was sich in knapper Sprache bricht,
das ist und war mal das Gedicht.

Es ist nun wieder mal soweit,
begonnen hat die „jecke" Zeit.
Wie sie so auf den Hafen gucken,
da spürt's die eine mächtig jucken,
zu kreischen einmal laut „Alaaf",
ansonsten blieb sie ja ganz brav!
Das hat sie sich dann auch getraut –
da wurd` die and`re Möwe laut.
Sie hat sich dabei ganz vergessen,
den Stil auch, den sie nie besessen!
Sowie der Kain erschlug den Abel,
fährt sie der ander'n über'n Schnabel.

Ruft „Fresse“, das klang sehr vulgär!
Mein Gott, wo kommt denn die bloß her!?
Tja, Hamburg hat nun mal den Hafen,
und die, die hier zusammentrafen,
die sind oft derb und sehr robust,
das hat man ja schon lang gewusst,
hat‘s hanseatisch übertüncht,
so wie man sich das gerne wünscht!
Der Möwen Flug ist’s, der besticht,
die Vögel selbst sind derb und schlicht …

Brexit – und dann?
(Gespräch im Pub)

Alle reden heut‘ vom Brexit –
viele hören es mit Grausen!
Kommt es so, „Britannia makes it“,
nun, dann sind sie erst mal draußen!

Doch sollt‘ dann in ein paar Jahren
das UK ein „Failed State” sein,
holt als Kolonie „Great Britain“
die EU es wieder rein!

Oder macht's Britannien richtig,
weil Europa, tief zerstritten
und nur Brüssel überwichtig,
nicht mehr länger ist zu kitten?

Wer wird wen wohl überleben?
Das hängt von den Menschen ab.
„Jeder mag sein Bestes geben –
„Please Britannia, save your Pub!”

Der Himmel

Der Himmel,
der den leeren Raum
mit Gestirnen anfüllte
und in all seiner Größe
ferne Zeichen setzte,
der in all seiner Weite
uns den offenbarte, der
überm Sternenzelt thronend
dasselbe erst erschuf,

dieser Himmel
ist nicht mein Himmel.
Denn „meine“ Gestirne
leuchten nur für sich
und verglühen für sich.
Und sollten sie vergehen,
wird mir zwar genommen,
was mir aber nie gehörte
und was mich nie meinte.
Mehr macht mich betroffen
das Ende meiner Zimtsterne!

Die letzte Nachbarschaft – fünfundzwanzig Meter

Es waren diese 25 Meter,
die mich und uns von dir
am Ende nur noch trennten,
und gleichzeitig verbanden.
Vom Wiesenstück zu deinem Zimmer,
dazwischen standen Apfelbäume,
und zwischen ihren Blättern
erschien dein Fenster hoch im Giebel
im alten Fachwerkhaus.
Wie doch ein ganzes Leben
mit fernen, eignen Wegen
sich reduzieren kann
auf diese 25 Meter!

Ein fremd Gelebter warst du,
doch des Freundes Freund,
nun aber sind wir Nachbarn!
Es war nicht deine freie Wahl,
als alle Wege, die du gehen wolltest,
längst endlich abgebrochen waren,
und nur der letzte ungewollte Weg
noch auf dich wartete,
und du vom Freund geladen,
hier Wohnung nahmst
in unserer kleinen Stadt.
Mein Bild von dir,
es ist Vergangenheit.
Ein kleines Körperwesen traf ich,
doch du warst es ganz,
von deiner Krankheit ausgezehrt,

und doch derselbe Geist.

Wir lebten eine Nachbarschaft
von 25 Metern Länge.
Ich war am nächsten dran,
doch ich war nicht der Nächste.
Ein jeder Meter war Distanz und Nähe,
ein Rest von deiner Freiheit
und doch auch ein Geborgensein!
Ein Raum der Tage und der Nächte,
ein Licht selbst in der Nacht,
ein kurzes Heimatland
aller Gedanken, die sich neigten,
und aller Worte, ob gesprochen oder nicht,
und der Erinnerungen,
die sich alle trafen,
im Bild von einem südlichen Gestade.

Nur 25 Meter lang
war dieser letzte Abschnitt,
war deines Lebens letzte Länge
in dieser fast vertrauten Fremde.
Hoch über allen Gärten
und roten Schindeldächern
empfingst du uns.
Es war dein Reich
der stillen Kämpfe, der Gebärden
und aller Lebensprozeduren.
Hier war dein Buch und dein Gespräch,
der Ort der Rührung und Berührung,
der letzten Hand und aller Würde.

Vom Garten sehe ich das Fenster
in unserem Nachbarhaus,
aus dem du nicht mehr schautest.
Der Herbst griff nach den Bäumen,
und immer mehr vollzieht sich
ihre Wandlung, Blätter fallen.
Bisweilen fährt der Wind
in die verträumten Zweige.
Sie bleiben, lassen es geschehen,
und sind die stummen Zeugen,
wenn auch der letzte der Besucher
zu dir ins Zimmer tritt.

Sie sind die ersten,
die deine Seele grüßen werden,
und auch die letzten,
wenn dann dein Fenster
weit geöffnet ist.

Ein deutscher Frühstückstraum
(Melodie „Morning has broken“)

Morning has broken
like every morning –
ich träum‘ vom Frühstück
wie ich es kenn‘!
Knackige Brötchen,
herzhaftes Graubrot -
das ist das Erste,
was ich hier nenn‘.

Ich mag gern Käse,
vielerlei Sorten,
Tilsiter, Gouda,
Streichkäse, Brie!
Aufschnitt und Schinken,
leck’re Salami,
Leberwurst kriegt‘ ich
im Westen nie.

Und Marmelade,
selbst zubereitet,
Honig vom Imker,
Nutellabrot.
Butter auf‘s Brötchen,
drauf Konfitüre -
was gibt es Schön’res
im Angebot?

Und gar nicht selten
möcht‘ ich was Süßes,
gern mal ein Teilchen,
Rosinenbrot.
Duftenden Kaffee,
Tee aromatisch,
das ist so köstlich
wie Morgenrot!

Und selbstverständlich
mögen die Deutschen
im Eierbecher
ihr Frühstücksei.
Meist ein gekochtes
und schön gewärmtes,
hart oder weiches,
Salz mit dabei!

Obst dann zum Abschluss
oder ein Müsli,
Quark oder Joghurt
kommen mit rein.
Das kann als Krönung
oder in Gänze
das Top-Erlebnis
des Frühstücks sein!

Ihr Angelsachsen
Thank you for breakfast!
We have enjoyed it
Seid nicht gekränkt!
Doch nach drei Wochen

fehlt „german Frühstück“,
etwas, an dem man
lebenslang hängt!

Adventsstress

Nichts fällt einfach vom Himmel. Auch Advents- und Weihnachtsrummel bedürfen straffer Planung, Stress mit eingeschlossen. Besinnlich kann's hinterher werden.

I. Tief in den verschneiten Wäldern Neuenglands liegt ein großes Lagerhaus, die Hochregale im Inneren voll mit Spielzeug. Wundersame Gestalten, gekleidet wie altmodische Drogisten, eilen hin und her, packen Päckchen, füllen sie in Säcke, oben tun dies Engelchen, puppengesichtig wie Doris Day. Als Endlosschleife erklingt amerikanische Weihnachtsmusik („Jingle bells“ u.a.), die Engelchen krähen „Che sarà, sarà - was sein wird, wird sein.“

Auf den langen Gängen schreitet mit Kapuzenmantel und Rauschebart Santa Claus, vertieft in Geschäftsbücher und Listen, genervter Gesichtsausdruck. Jedes Jahr dieser Stress! Wunschzettel abarbeiten, Nachschub bestellen, Schlitten und Routen einteilen, Absprachen mit den auswärtigen Kollegen – alles bis zum 24. Dezember! Und ständig Handy–Rückrufe!

„Hällo Knäckt Rupräckt in Germany! Sorry, Apfel, Nuss und Mandelkern für deutsche Kinder geht nickt, Probleme mit Food Administration! Better Schokoriegel, auch Junior-I-Phones sind top! Do our best!“ Anruf vom Wareneingang, Alwin von den sieben Zwergen am Apparat: „Hi Chef, die Ware aus China kommt erst am 18.12.“ „Was, so spät, auch die Plagiate?“ „Yes, auch die!“ „Oh Rentier-Shit!“

Homer Simpson von der Russland-Abteilung erscheint. „Neuigkeiten von Väterchen Frost, Probleme mit dem Geheimdienst! Anfang Januar sind dort nur russische Schlitten-Rentiere zugelassen.“ Santa Claus reagiert cool. „Okay, die

Rabatte für die Matrjoschkas streichen! Aber schau dir unsere Rentiere an, saufen nur Coca Cola. Rudolph rülpst in einem Stück!"

Schneewittchen twittert mit ihren Freundinnen. „Ich wünsche mir so sehr einen Prinzen, am liebsten Ken." Der Weihnachtsmann hat andere Sorgen, er spürt sein Alter, kein Nachfolger in Sicht. Wie jedes Jahr um diese Zeit träumt er von Florida und den Wochen nach Weihnachten. Und er hat noch ein Problem: Schnell noch die E-Mail an urology@miami.com!

II. Am 14. Dez. hat auch im Norden Israels ein junges Paar viel Stress. „Jossi", ruft Mirjam ungeduldig, „bring den Rucksack, in zehn Tagen müssen wir in Bethlehem sein!" Sie spricht mit ihrem Verlobten jiddisch, die Sprache der Lemberger Familie hat den Holocaust überlebt.

Josip betreibt eine kleine Tischlerei in Galiläa, eine Klitsche. Er ist ein Phlegmatiker, Mirjam jedoch ist voller Temperament. Ihre überraschend tiefe, raue Stimme hat Josip schon oft in seinen Tagträumereien gestört. „Soulstimme", sagt Josip. „Nein, Zigaretten", sagt Mirjam.

Das Programm für die nächsten Tage ist klar, zu Fuß nach Bethlehem, vielleicht nur kurze Strecken auf dem Esel – und das mit der hochschwangeren Mirjam! Taxifahrten sind nicht vorgesehen, die Taxifahrer, jüdische wie arabische, nehmen in dieser Zeit Wuchertarife. Wie fast immer bliebe Josip lieber zu Hause, aber Mirjam besteht auf der Reise.

„Ist die Sache mit dem Stall geklärt, Jossi?" Josip staunt, wo hat Mirjam nur die Power her? Sicherlich, unternehmungslustig war sie immer, jetzt das Baby, dazu eine Ahnung von der Besonderheit ihrer Rolle, das erklärt einiges.

Mirjam macht sich keine Sorgen um sich – doch wo ist das wollene Mützchen fürs Baby?

Josip wird sich jetzt sputen. Mirjam kann zwar eindrucksvoll auf galizisch schimpfen „Zog nit keyn mol. ..“, aber sein eigentliches Motiv ist: Er liebt diese Frau – und das Kind. Er würde alles für sie tun. Er hat auch Schekel parat, damit es schneller für sie geht am israelisch-palästinensischen Checkpoint. „Got mayner – Weihnachten kann kommen!“

… der werfe den ersten Stein!

Alte Geschichten neu zu erzählen heißt auch, neue Wirklichkeiten zu berücksichtigen. Das Original dieser Geschichte steht u. a. im Johannesevangelium, Kap. 8. Es ist eine Geschichte über Barmherzigkeit und Vergebung.

Jerusalemer Altstadt an einem Herbstmorgen 2015. Die übliche orientalische Geschäftigkeit, arabische Bewohner, Touristen und Pilger, Juden unterwegs zur Klagemauer. Wegen der erheblichen Zunahme der israelisch-palästinensischen Spannungen, sind noch mehr Uniformierte auf den Straßen – jetzt bloß keine weiteren Provokationen! Die Behörden sorgen sich um an das baldige Weihnachtsfest. Kann man überhaupt noch Besucher in die Altstadt lassen?

Eine Gruppe erregter junger arabischer Männer drängt plötzlich aus einem Haus, in ihrer Mitte führen sie eine weinende, junge Frau. Sie haben die Palästinenserin mit einem Juden auf einem Zimmer überrascht. Die Polizei, um Deeskalierung bemüht, ist noch zurückhaltend und hat nur eben die andere Straßenseite gesichert, wohin sich der jüdische Liebhaber gerettet hat. Touristen bleiben stehen, Kameras klicken. „Weitergehen!“, ruft ein Polizist.

Der Männer mit der jungen Frau drängen in eine Gasse. Sie reden auf die Frau ein und drohen, auch wenn es absurd ist, mit Scharia, Ächtung, Steinigung. Ihrer politisch aufgeheizten Stimmung kommt dieser Vorfall entgegen, sie wollen ihn instrumentalisieren. Bis zu einem der Zugänge zum Tempelberg ist es nicht allzu weit.

Plötzlich steht dieser jüngere Mann mitten auf der Straße, hager mit längeren, dunklen Haaren. „Lake Tiberias“ steht auf seinem verwaschenen T-Shirt. „Was habt ihr vor?“, ruft er in fließendem Arabisch dem herannahenden Trupp zu.

„Diese verheiratete Frau ist eine Hure, sie war mit einem Juden im Bett! Sie muss vor die Mullahs der Al-Aqsa-Moschee. Die sollen die Scharia auslegen." Sie gebärden sich wie die Retter Palästinas.

„Aber hier in Israel gilt die Scharia nicht. Fremdgehen ist keine Straftat."

„Sie hat die Ehre Palästinas besudelt!"

„Ist denn Allah, der Gütige und Barmherzige, nicht grenzenlos barmherzig?" Der Fremde schreibt mit Kreide einige arabische und hebräische Worte auf den Boden. Die jungen arabischen Heißsporne, die das lesen, werden verlegen. Dann tritt er auf sie zu, der Kreis öffnet sich, bis er vor der jungen Frau steht. Sie weicht seinem Blick aus.

„Was ist passiert?", fragt er sie.

Mit leiser Stimme sagt sie: „Mein Mann ist ein Schläger, Aaron hat mich geliebt."

„Was wolltet ihr mit dieser Frau machen?" fragt er die Männer. „Eine Kampagne lostreten? Ihr wolltet euch an ihrer Angst weiden. Wer ohne Sünde ist, der werfe den ersten Stein!"

Die Worte haben ihre Wirkung nicht verfehlt, der blinde Aktionismus ist verpufft. Der Pulk löst sich auf, bald sind alle verschwunden. Die beiden stehen allein. „Geh deinen Weg, Gott sei mit dir und deiner Familie. Liebe kann Hass überwinden, im Herzen und gerade in diesem Land."

Leise weinend stammelt sie: „Danke vielmals, danke."

Sie steht noch etwas unschlüssig, dreht sich um, plötzlich ist auch der Mann verschwunden. Fremde Menschen gehen vorüber, irgendwo erklingt Glockengeläut, eine Polizeisirene heult, der Muezzin ruft – das Leben geht weiter in dieser widersprüchlichen Stadt. Die Juden werden bald ihr Lichterfest, Chanukka, begehen, die Christen werden Jesu Geburt feiern, und die Muslime werden am Maulid an Nabi, in diesem Jahr an 24.12., der Geburt Mohammeds gedenken. Und dann wird auch in Jerusalem ein neues Jahr beginnen. Frieden auf der Welt wird es wohl kaum bringen, aber jeder trägt in seinem Inneren – ein Herz.

Weihnachtsfrieden 1914

Hundert Jahre ist es am heiligen Abend dieses Jahres her, dass im ersten Weltkrieg an der nach viermonatiger Kriegsführung bereits im Stellungskrieg erstarrten Westfront ein kleines Wunder geschah, ein Weihnachtswunder. Unter dem Namen „Weihnachtsfrieden" ist es in die Geschichte eingegangen – und es ist trotzdem vielfach wieder vergessen worden und insbesondere in unserem aktuellen Bewusstsein und in unserem Wissen über diesen Krieg so gut wie nicht mehr präsent.

Das liegt vor allem wohl daran, dass die meisten Frontberichte über dieses Geschehen von der englischen Seite stammen und englische Zeitungen seinerzeit auch darüber berichteten, während die deutsche Presse darüber kein Wort verlor. Im Internet kann man sich über die überlieferten Berichte informieren, 2005 wurden die Ereignisse in dem anrührenden Antikriegsfilm

„Merry Christmas / Joyeux Noel" von Christian Carion verarbeitet, eine deutschsprachige Dokumentation wurde durch das Buch „Merry Christmas" von Michael Jürgs 2005 vorgelegt.

Es handelt sich um einen historisch belegten Waffenstillstand an einem begrenzten Abschnitt der Westfront in Flandern zwischen Mesen und Nieuwkapelle für zwei oder vielleicht drei Tage beginnend am 24. Dez. 1914, also während der ersten Kriegsweihnacht. Aus ihren Schützengräben heraus, die ein kalter, verregneter Herbst in eisige Schlammlöcher verwandelt hatte und die nur in Rufweite zum Gegner lagen, hatten sich englische und deutsche Soldaten, vielfach junge heimwehkranke Männer, offensichtlich unter Duldung ihrer Offiziere, nach ganz zaghaften Anbahnungen darüber geeinigt, am heiligen Abend nicht zu schießen.

Zunächst konnten beide Seiten ihre Toten aus dem Niemandsland bergen, scherzhafte Zurufe von hüben nach drüben führten zu Absprachen, dass man singen wolle. Einige berichten, auch Kerzen seien an den Gräben aufgestellt worden. Mit zittrigen Händen werden die Soldaten beider Nationen ihre mit der Feldpost zugestellten Weihnachtspäckchen ausgepackt haben – eigentlich wollten sie Weihnachten längst Hause sein. Und dann haben sie gesungen, ihre vertrauten Weihnachtslieder, teilweise unter dem Applaus der Gegenseite. Manche Tränen werden geflossen sein, als die Deutschen „Stille Nacht, heilige Nacht" anstimmten und die Briten ihr „Silent night, holy night" anschlossen. Erst einige, dann zunehmend immer mehr Soldaten kletterten auf beiden Seiten aus den Schützengräben heraus, und sie begegneten da, wo zuvor noch die Gefallenen lagen, ihren Feinden. Es wurde etwas geflachst und geradebrecht, Hände wurden geschüttelt, man bot einander Tabak, Zigaretten und Kekse an und sagte „Frohe Weihnachten" und „Merry Christmas". In Berichten ist von einer Verbrüderung die Rede, aber man kann es heute nicht mehr überprüfen, es gibt keine Protokolle, keine Dienstmeldungen. Jedoch lassen die bewegenden Zeugnisse von Beteiligten und ein paar wenige unscharfe Schwarz-Weiß-Bilder erkennen und erahnen, dass sich hier, im Vorhof der Hölle, drangsalierte, fremdbestimmte, angstbesetzte Menschen begegneten auf der Suche nach etwas Menschlichkeit, Wärme und Hoffnung. Dieses Weihnachtsfest, das für etliche von ihnen ganz sicher das letzte gewesen ist, dürfte aber auch das intensivste und tiefste Weihnachtserleben ihres kurzen Lebens gewesen sein.

Später ging jeder wieder in seinen Unterstand und Graben, alles blieb ruhig, nachdem auch der letzte Gesang verklungen war. Ein hoher, klarer und kalter Himmel wölbte sich über den weiten Ebenen Flanderns. Es war die heilige Nacht 1914.

Ein, zwei Tage später, nach kurzen, knappen Befehlen, wurden die ersten Schüsse in die Luft gefeuert, und es war wieder Krieg. Maschinengewehre begannen zu rattern, und die Artillerie feuerte, Töten und Sterben gingen weiter. Weihnachtsszenen wie die geschilderte haben sich in den folgenden Kriegsjahren nicht mehr wiederholt, sie wurden von den militärischen Führungsstäben unterbunden. Ein schlichtes Holzkreuz, das bei Ypern in Belgien einsam in der weiten Ackerlandschaft steht, erinnert an jenen Weihnachtsfrieden.

Seitdem ist immens viel an Kriegsleid über diese Welt gekommen, und auch am Ende dieses Jahres ist der Krieg zurückgekehrt, sogar bis nach Europa. Die Menschheit als Ganzes wird es wohl nie schaffen, dieser geschundenen Welt Frieden zu bringen, aber diese Männer haben den Weihnachtsfrieden erlebt. Jeder von ihnen, der in jener Nacht mit seinen Gedanken allein war, hat wohl die Besonderheit dieser Augenblicke verspürt. Und manch einer wird es für sich auch angenommen haben, was sie zuvor gemeinsam zweisprachig gesungen, gebetet und bekannt haben: „Christ, the saviour is born – Christ, der Retter ist da!" Seine Krippe steht nicht in Machtzentren, Konferenzräumen oder Plenarsälen. Des Menschen Herz ist seine Krippe.

Worte zur Nutzung der Rostra in der Soester Gräfte

Salvete Cives oppidi honorabilis Susati – nunc rostram habemus!

Liebe Soester, wir haben jetzt auch eine **Rostra,** eine **Rednertribüne**! Die alten Griechen waren die ersten, die so etwas hatten, und sie nannten es **Bema**. Gemeint war damit eine etwas erhöhte Stelle in der Stadt, auf der einer, der eine Rede halten wollte, am besten stand, damit ihn möglichst viele sehen und verstehen konnten. Es konnten ein Felsbuckel sein oder Treppenstufen, sie wurde aber mit der Zeit zunehmend baulich erhöht und erweitert. Die Reden waren an das Volk gerichtet. Die Römer bauten meist aufwendigere Rednerbühnen, die sie **Rostra** nannten, u.a. weil man da gerne die Rammsporne (das „Rostrum)") von erbeuteten Schiffen platzierte und weil man sich überhaupt hier gerne von seiner starken Seite präsentierte, zum Beispiel auf dem Forum Romanum in Rom.

Auf jeden Fall sind die ***Rede und auch das Rednerpult***, so wie wir beides heute kennen, ein **Erbe der Antike**. Die Rede ist eines der wichtigsten Stilmittel der Politik. Redefreiheit ist ein demokratisches Grundrecht. Dem Vorbild der Speakers Corner im Hydepark in London folgend, wurde hier in Soest in der Gräfte ein solcher Ort eingerichtet, markiert durch eine schlichte Tribüne mit Geländer. Hier kann jedermann zu jeder Zeit seine Ideen und Ansichten verkünden **(Free Speech),** solange er nicht Hass und Beleidigungen propagiert und die Grund- und Menschenrechte achtet. Ein **Ort mit Ventilfunktion und für Inspiration!**

Seit fast drei Jahren steht **diese Rostra** hier an dieser Stelle, gestiftet von dem Kunststipendiaten Manaf Halbouni. Bisher wurde sie eher noch wenig in ihrer Funktion genutzt!

Von Anfang an war **sie umstritten**, die Ausrichtung stadtauswärts, der schlichte, rohe **Betonblock**, die **schmucklose** Machart. Nun aber hat sie die Neugestaltung der Gräfte überstanden, das Geländer wurde frisch gestrichen, und ich denke, dann bleibt sie uns auch. Wenn schon nicht in der Sprache Roms, dann sollte aber in poetischer Form in dem in der griechisch-römischen Antike üblichen und vertrauten Versmaß einmal gewürdigt werden, im **Hexameter**-Rhythmus, und damit möchte ich ganz entschieden eine Lanze **für ihren weiteren Erhalt** brechen!

Hommage an die Soester Rednerbüne: Schlicht ist kein Kriterium

So etwas schenkte noch keiner der Stadt, eine Rednertribüne,
schmucklos und bar jeder Kunst aus Beton eine Treppe gefertigt,
hier zwischen Blumenrabatten und Rosen gestellt auf den Rasen.
Es applaudierten alle, weil ganz von dem Denken durchdrungen,
dass nun auch Soest eine Rostra besitze als Ort freier Rede,
und die honorigen Gäste, sie lauschten den Hymnen des Dankes.

War es die Ungunst des widrigen Wetters, zu schlicht das Gebilde?
Steige doch einer nun endlich empor zu der Plattform und rede
hier vor den Mauern der Stadt, wo die Soester gerne flanieren!
Braucht es denn stets perfekter Ästhetik von Kunst, um zu zeigen,
was in Gedanken euch lang schon bewegte, ihr Soester Autoren?
Ruft in die Gärten der Rosen zu Lesung im Freien die Soester!

Seht, wie erfolgreich dem Schlachthof in Soest ist gelungen,
einst vom Blute getränkt, die Wandlung zum Tempel der Musen!
Non primo viso removanda, temptanda est Rostra Susati –
Entfernt nicht die Rostra, erprobt sie als Ort Soester Rede!

Mögen auch hier die Gedanken weiterhin fließen,
Bürger die Freiheit sich nehmen, sich frei hier zu äußern!
Starrheit sei nur dem Beton dieser Rednertribüne gegeben
Lasset nicht zu, dass Beton die Freiheit des Geistes begrabe!

Lebens- und Todeszelle

Sex
Geboren wann
Name Vorname Titel
Geburtsname eventuell
Passport-Nr. ausgestellt
Größe Augenfarbe Gewicht
Abschluss am Zeugnis vom
Verheiratet verwitwet Kinder
Vorbestraft Vorerkrankungen
Bank-Verbindung mit IBAN-Nr.
E-Mail-Adresse Phone/Mobile Nr.
Versicherungs- und Kunden–Nr.
Mitglied-Nr. Password Geheimzahl
Postleitzahl Straße Hausnummer

Es sind die Maße meiner Lebenszelle,
die zugleich auch meine Todeszelle ist,
denn ich gebe sie erst mit dem Tode frei.
Dies ist Alcatraz, ein Fliehen ist nicht möglich.
Ich bin der Gefangene
und der Mitgefangene.
Gerne höre ich Tom Jones: I want to touch the green, green grass of home. Bräche gerne auf, irgendwohin küstenwärts …

Melancholie des Lebens, nichts bleibt. So war es immer, ganz anders aber sind heute Tempo und Ausmaß der Veränderungen. Der schroffe Nordwind „Boreas“ hat drei ungemütliche Brüder erhalten. „Tempestas“ (Klimawandel), „Progressus“ (Fortschritt) und „Chaos“ (Chaos) sind die Kräfte, die im Sturm weltweit alles bewirken, verändern und zerstören. Selbst Ms. Liberty sitzt irritiert neben ihrem Sockel. „Was für ein Klima, ungemütlich, unvorhersagbar!“ Irgendwo kräht einer „America first!“ Sie zieht ihr Gewand enger.

Mit dem geistigen Klimawandel verblasst so vieles, was den Menschen Sicherheit, Kraft und Trost in schwierigen Lagen bot – überspielt und vergessen. Für viele geht so ein Stück Heimat und des Himmels verloren, ein Sehnsuchtsort geistiger und geistlicher Weite, von dem es in Schillers „Lied an die Freude“ heißt: „Brüder, überm Sternenzelt muss ein lieber Vater wohnen …“ Die, die noch nie etwa an Religion Interesse hatten, sie nie kannten oder durch religiöse Konfrontation verprellt wurden, nehmen den Verlust des Religiösen beiläufig oder sogar als Befreiung von Überflüssigem wahr. „Den Himmel überlassen wir den Engeln und den Spatzen“, schreib einst Heinrich Heine.

Noch gehört das Christentum zum kulturellen Bodensatz unserer Gesellschaft. In einem evangelisch-pietistischen Umfeld aufgewachsen, wurde mir der Glaube zu einem Lebensmittel des Grundbedarfs, als Erwachsener aber ernährt man sich noch anders. Die Geradlinigkeit, die ich bei vielen nicht religiösen Menschen immer wieder finde, beeindruckt mich. Glaubwürdigkeit hat nichts mit Glauben zu tun, gedankliche und religiöse Vielfalt aber viel mit Toleranz. Ich suche ein Menschenbild, das den Umgang miteinander auch in der Zukunft prägen könnte.

In Zeiten des Wandels geht es um etwas Verbindliches und Verbindendes, keine Theorie! Woran ich glaube, weiß ich, aber zum Missionar bin ich wohl ungeeignet. Auf meinem Grund stehend, spüre ich gleichwohl Erschütterungen, spüre die Endlichkeit und fürchte mich auch vor einer unbekannten Ewigkeit. Ob man Leben als Schicksal oder ein von Gott verfügtes Geschenk sieht, es ist zutiefst sinnlich, voller Träume, Glück, Ängste und Hoffnungen. So wie die Erhabenheit der Schöpfung uns demütig machen sollte, verdient etwas anderes unsere ganze Achtsamkeit und Achtung – die Würde des Menschen, im ersten Buch Mose als Gottes Ebenbild genannt. Ob die eines Kretins oder eines Stars, ob verspottet oder zerstampft – die Würde ist die gleiche, sie ist göttlich, sie ist unsterblich!

Mögen uns andere Götter darum beneiden – unsere Bürde tragen sie nicht, das bleibt für uns! Noch ist es ein dunkles Spiegelbild, das ich zu erkennen glaube, aber helfen wir (auch um Gottes Willen) dem Menschen und tun es für ihn, für uns und für eine bessere, andere Welt – im zarten Widerschein eines fernen Leuchtens!

Das Wort hat Herr Dr. Martin Luther, bitte!

Ich habe die Worte meines Geschichtslehrers zum Thema Renaissance/Reformation nicht vergessen. „Glauben Sie mir, es gab im gesamten Mittelalter bis in die frühe Neuzeit, also zum 16., 17. Jahrhundert, im ganzen christlichen Europa keinen, den nicht immer wieder oder irgendwann der Gedanke quälte – wie bekomme ich einen gnädigen Gott! “.

Die Menschen, die ohnehin schon in einer rauen, derben Welt, gepeinigt von Ungeziefer, Seuchen, Aberglaube und Willkür ein oft nur kurzes, freudloses Leben verbringen mussten, wurden von der Furcht gequält, nach dem Tod statt in einer besseren Welt womöglich auch noch auf ewig im Fegefeuer und im „Ewigen Feuer“ der Hölle zu landen, in dem sie von schrecklichen Teufeln und Dämonen, wie sie etwa der zeitgenössische Maler Hieronymus Bosch im „Garten der Lüste“ bildlich darstellt hatte, auf alle Zeiten gepeinigt würden.

Für die meisten von uns sind dies irre Vorstellungen von vorgestern. Den Tod betreffend geht es heute allenfalls um Fragen nach der Art der Bestattung, ob Urne, Erdbegräbnis, Anonym, Friedwald usw. Die wesentlichen Fragen fokussieren sich auf das Leben. Nicht die Frage nach einem gnädigen Gott für alle Ewigkeit und die Beachtung von Geboten und Regeln im Leben ist für die Zeitgenossen bedeutsam, sondern wie man hier auf der Welt ein maximal erfülltes und schönes Leben leben kann! Für viele wird immer mehr der Mensch zum Maß aller Dinge. „Carpe diem – ergreife den Tag“, aber nicht für Gott, sondern für dich selbst! „Wir sind Gott“, zumindest glauben wir, Entscheidendes mitreden zu müssen! Und über das Jenseits, frühestens bitte übermorgen, wird gewitzelt, man bevorzuge nicht in den langweiligen

Himmel der Frommen, sondern den mit einer Cocktailbar und interessanten Leuten.

Wie anders dachten die Menschen damals! Alle dachten und agierten gemäß dem tradierten Prinzip Schuld – Sühne – Erlösung. Das elende Leben legte den Wunsch nach Erlösung nahe, nach einem besseren Leben wenigstens im Jenseits! Gott war für sie ein fordernder, strenger Gott, dessen Regeln mit Verzicht auf Etliches es einzuhalten galt. Für die Volksfrömmigkeit bedeutete das ein Abspulen von Verrichtungen und Litaneien, wegen fehlender Bildung und Analphabetismus konnte das Volk nicht mal eben in der Bibel nachlesen, geschweige denn theologisch denken lernen. Es brauchte Nothelfer, Heilige, Vorbilder, die als nahezu perfekte Wesen all das von Gott Verlangte erfüllten und ihn durch noch mehr Hingabe, Läuterung und Selbstkasteiung gnädig zu stimmen versuchten bezüglich der ewigen Seligkeit. Aufgrund ihrer Tugendhaftigkeit trauten die Menschen ihnen so viel Einfluss zu, dies auch für sie zu erwirken. Um ihre Hilfe zu erlangen, verehrten die Massen diese Heiligen. Wer das nicht tat, war nach damaliger Sicht schon verloren. Die Geistlichen und gerade die Mönche, durch Ordensregeln verpflichtet, sollten eigentlich ebenso um eine solche geistliche Vervollkommnung bemüht sein und Vorbildcharakter haben, was aber nur wenigen gelang. Der Weg der exzessiven Selbstkasteiung, den auch Luther als junger Mönch fast bis zum kräftemäßigen Ruin versuchte, erwies sich letztlich als nicht begehbar. Was sie einerseits entbehrten, genehmigten sich viele anderweitig auf ihre Art.

Die Zeit des frühen 16. Jahrhunderts war einerseits eine Phase ohne besonderen religiösen oder philosophischen Tiefgang, dafür aber eine Phase der erwachenden Lust am Schönen, an der Natur, am Leben, beispielhaft in der

Malerei, die dank der Perspektive daran ging, die Wirklichkeit naturalistisch abzubilden, andererseits aber auch eine Phase voll von oberflächlichem Gepränge, eine Zeit des Lebenshungers und der geheimen Süchte, eines mitleidlosen Voyeurismus und eine Zeit von Machtstreben und List bis hin zu einem rohen Egoismus – Blüte und Dekadenz zugleich. Renaissance, Wiedergeburt, wird diese Zeit genannt, die Entdeckung der Bildungsgüter der Antike und der umgebenden Welt mit ihrer Schönheit, ein erster Aufbruch aus der Enge des Mittelalters. Besonders förderlich erwies sich die Erfindung des Buchdruckes für die massenhafte Verbreitung neuer, druckbarer Inhalte. Die Bedrohung durch die vordrängenden Türken, die Händlern und Strategen den Landweg nach Osten versperrten, bewirkte eine andere Expansion. Vorausgesetzt, die Welt war eine Kugel, musste Kitai, China, doch auch durch Fahrt nach Westen erreichbar sein. Auf diese Weise wurde Amerika entdeckt!

Und genau in jene Phase des Aufbruchs am Beginn einer neuen Epoche fällt Martin Luthers Erkenntnis von der „Freiheit eines Christenmenschen", die Wiederentdeckung der ursprünglichen Dynamik des christlichen Glaubens, gestützt auf die alttestamentliche Überlieferung und wurzelnd in der neutestamentlichen Botschaft von Jesus Christus und befreit von verordneten Zwängen und den Strafandrohungen der etablierten Amtskirche. Gleichzeitig hat er aber auch durch den Rückgriff auf die originalsprachlichen Texte und ihre Auslegung und durch die sprachliche Umsetzung – quasi als Nebenprodukt schuf er die moderne deutsche Sprache – mit dazu beigetragen, dass eben dieser Glaube und die religiöse Weltanschauung jetzt eine textliche Basis erhielten, auf Grund der diskutiert und die selbst auch kritisiert werden konnte. In den evangelisch gewordenen Gebieten nahm das schulische Bildungswesen einen großen Aufschwung. Die Befreiung von kirchlicher Bevormundung war gewaltig und förderte die geistige Freiheit.

In seinem Studierzimmer im Turm des schwarzen Kloster in Wittenberg hatte Luther, ein sensibler und doch auch impulsiver junger Mann aus dem alten Mansfelder Bergbaurevier im Harzvorland, sich im Winter 1512/13 in endlos durchgrübelten Nächten immer wieder mit dem Römerbrief des Apostels Paulus befasst, Thema war die grundsätzlich vorausgesetzte Sündhaftigkeit des Menschen und die Frage, wie ein Mensch Gottes Gebote, darunter auch die zehn Gebote, perfekt erfüllen kann, um vor Gott gerechtfertigt zu sein und in seine ewige Herrlichkeit eingehen zu dürfen. Irgendwann fand er dann in dem immer wieder gelesenen Text im 3. Kapitel die sich abzeichnende Lösung seiner Fragen: Kein Mensch vermochte dies zu erfüllen, nur Christus konnte dies und hatte es in seinem Erdenleben getan und damit die Forderung nach ihrer Erfüllung durch den Menschen ad absurdum geführt. Warum? Aus Liebe zu den Menschen (Joh. 3 16)! Durch das Leiden Christi ist die ständige, dunkle, schwer verständliche Verkettung von Schuld und Sühne gelöst, alle Schuld ist von Gott vergeben. Der Mensch ist somit ohne Vorleistung vor Gott gerechtfertigt, er braucht dieses Geschenk nur anzunehmen. Die Verse 21 bis 31, Römer Kapitel 3, wurden zum Herzstück der Reformation, hier findet sich die inhaltliche Grundlage! Vers 24: "… und werden ohne Verdienst gerecht aus seiner Gnade durch die Erlösung, die durch Jesus Christus geschehen ist.".

Luther zeigte der Welt und den Glaubenden ein neues Gottesbild, das aber schon immer, das heißt, mit Jesu Kommen in die Welt, erkennbar war. Er entdeckte wieder den menschenfreundlichen Gott, der für seine geliebten Geschöpfe sogar seinen Sohn hingegeben hatte. Gott war für ihn kein stets fordernder, eifernder Gott, der ständig wie die heidnischen Gottheiten, ob der phönizische Baal oder der blutrünstige Huizilipochtli der Azteken, nach Opfern verlangte! Auf diese Weise gewinnt dieser Christengott universelle, göttliche und zutiefst menschliche Züge, eine völlig integre moralische Instanz – eine Verkörperung der Liebe schlechthin. So erfährt der schlichte Glaube Trost und Gewissheit, ebenso können Humanisten und alle Menschen guten Willens damit etwas anfangen. Die Türen des aufeinander Zugehens sind offen, Ökumene kann beginnen.

Diese umfassendere Deutung hat die Reformation erst in späteren Jahren erfahren, primär ging es Luther um die Christenmenschen seiner Zeit. Die von ihm angestoßene Erneuerung trat ihren Siegeszug an, unbeschadet auch von den menschlichen Schwächen des Reformators. Luther war ein typisches Kind seiner Zeit, bisweilen harsch und geprägt von den gängigen Ansichten seiner Zeitgenossen. Fürsten und Obrigkeiten waren für ihn von Gott verfügt, deshalb hatte Luther für die aufständischen Bauern, ihre existenziellen Nöte und soziale Probleme überhaupt kein Verständnis. Zeitlebens blieb er auch ein Gegner der Juden, obwohl Jesus selbst doch auch ein Jude war. Diesbezüglich sind von ihm sehr unschöne Formulierungen überliefert, die das Lutherbild nachhaltig trüben. Auch sein Frauenbild war repressiv und eigentlich unakzeptabel. Und schließlich hatte er für andere reformatorische Bestrebungen im damaligen Europa kein Gespür, er kanzelte sie ab. Ich als Reformierter wäre von ihm wie die Wiedertäufer abgelehnt worden, hätte keine Schnitte bei ihm bekommen.

Luthers Gedankengut musste in den folgenden Jahren erst noch reifen. 1517 erfolgt der Anschlag seiner 95 Thesen in

Wittenberg. Dann lief die Druckmaschine an, zirka 1530 erreichte die Reformation Soest. Per Stadtratsbeschluss wurde die Stadt 1532 bis auf das Patroklusstift evangelisch. Luther stand sogar im direkten Briefverkehr mit dem Stadtrat, zwei Originalbriefe sind im Archiv erhalten. Damit nimmt die Hansestadt Soest historisch eine besondere Rolle ein. Nun ja, Soest ist halt was Besonderes!

Soest blieb lange Zeit eine evangelische Stadt, die Zahl der Katholiken wuchs nach dem Krieg durch den Zuzug von Vertriebenen aus dem Osten. Das kirchliche Leben ist rege, durch die vielen Aktivitäten im Lutherjahr 2017, ob evangelisch, ökumenisch, kulturell, ist aber keiner frömmer geworden. Jedoch wird eine neue Art der Spiritualität, die Konfessionsgrenzen sprengt, für die junge Generation greifbarer. Wieder findet eine Zeitenwende statt, eine alte Welt zerbricht, die neue ist digital, global, vielfältiger – und bedrohlicher. In eine rahmenlos gewordene Welt hinein passt wie eine Leitschnur die Botschaft der Reformation von der unvoreingenommenen Annahme, auch im Umgang miteinander.Aber nur wohlmeinende, moralische Empfehlungen wären viel zu wenig, Luthers Neuentdeckung hat viel mehr persönliche Tiefe. So, wie ein verlorener Sohn endlich nach Hause kommen konnte, wo er Aufnahme fand, wird hier für jeden die Einladung zum Rückblick und zur Neuorientierung ausgesprochen. Eine altmodische, anrührende Geschichte zwar über eine Ankunft und doch auch modern, religiös und psychologisch, aktuell und zeitlos. Eine christliche Perspektive, jedoch anders als das, was die Leute stets zu hören bekamen. Nein, nicht „Angst essen Seele auf!“, sondern **„Sola fide, sola scriptura, sola gratia – nur Vertrauen, nur, was geschrieben und begründet ist, nur Erbarmen und Gnade!“** Wäre das ein Ziel?

Septemberbild

Blasser ist der Morgen,
und stiller sind die Tage.
Verwaschen leuchten Farben
in einem anderen Licht.

Krächzend kreisen Vögel,
schreiben vergängliche Linien
hoch am milchigen Himmel,
zum Verweilen kein Grund.

Schwer neigt sich reife Last
nieder zur feuchten Erde.
Eine verschwendende Fülle
und Leere liegt über dem Land.

Wolkengebilde türmen
sich schwerer am Horizont.
Das helle Bild des Sommers
versinkt in dunklen Nächten.

Ein erster Hauch von Kühle,
auffrischend ist der Wind.
An Zeit bleibt nicht mehr viel,
mein letzter Gruß galt dir.

Der Wind weht, wo er will

Schon Mitte August habe ich die ersten Papierdrachen im Wind der Börde aufsteigen sehen. Noch waren es keine ruppigen böigen Herbstwinde, sondern sommerliche auffrischende, noch waren die Bäume alle belaubt, aber die Wärme des Sommers hat sich schon deutlich zurückgezogen, die Felder fast alle abgeerntet und eine gewisse drückende Leere lag über dem stillen Land, eher spielerisch schickt der Wind Böen über das Land. Ein Sommerwind oder „Summerwind", als den ihn Frank Sinatra in seinem bekannten Song als schmeichelnden, warmen Sommerwind für Verliebte vorstellt, ist es nicht mehr. Es liegt anderes in der Luft, eher „Wind of change", Wind des Wandels, eine moderne Zeitgeistballade, wie sie die Scorpions Ende der Achtziger als Stimmungsbild des Abendlandes in Anbetracht des Falls des eisernen Vorhangs in Europa und des Mauerfalls vortrugen.

Diese Leere ist nur eine scheinbare, verweilend lasse man die Gedanken schweifen und lausche den Winden. Zum Beispiel auf das, worüber der Wind of change uns noch zu berichten weiß. Von Woodstock etwa, dem legendären Rockkonzert in Amerika, in dieser Zeit vor genau 50 Jahren, das wie eine Zeitenwende war und den Vorstellungen der jungen Generation allgemeine Geltung und Akzeptanz brachte. Ein Wirbelsturm, der auch die Talare und Fräcke an den stickigen, erzkonservativen Bildungsinstituten der erstarrten Nachkriegsgesellschaft erfasste und viel von dem Muff wegblies. Nein, Hippies und Chaoten kamen nicht an die Macht, aber es durften Träume geträumt und Utopien angegangen werden. Wer wollte, konnte mit Peter Fonda als „Easy Rider" auf einer Harley zu einem Roadmovie im Land der Freien aufbrechen. Fahrtwind! Ob wir selbst zu jung, zu verschreckt oder zu alt waren, ist unerheblich, der Fahrtwind ist geblieben, ebenso wie die Bilder vom Aufgang des blauen Planeten, der Erde, über der Mondoberfläche, auch eine Geschichte des Sommers vor 50 Jahren.

Morgen ist der 1. September, es ist herbstlicher geworden. Ein Monat der Reife, der Ernte und schon herbstlicher Winde und Stürme. „Herr, der Sommer war sehr groß. Wirf deine Schatten auf die Sonnenuhren und auf den Fluren lass die Winde los …!“, schreibt Rilke im Gedicht „Herbsttag“. Schöne, einladende Worte, sich in derartige poetische Betrachtungen zu vertiefen, aber an dieser Stelle fällt mir ein anderer 1. September ein, der 1.9.1939. Es ist der Beginn des Zweiten Weltkrieges durch Hitler-Deutschland und der Beginn der größten Katastrophe des 20. Jahrhunderts. Wie ein Monstersturm brach er über Europa hinein, und brachte all das Entsetzliche, das wie ein Menetekel letztlich nie vergessen werden darf.

Der Wind weht, wo und wann er will, wir wissen zu wenig über sein Woher und Wohin. Wind ist eine Kraft und schafft immer Veränderungen. Wie Wolken treibt er auch Bilder und Erinnerungen vor sich her und führt sie wieder fort. Es ist für mich auch ein Bild für Gottes Kraft, das Wehen seines guten Geistes. Vielleicht ist es ja auch eine Art Windstoß, der uns einmal zu unserer letzten Reise mit sich nimmt zu unsrem Ziel. „Vom Winde verweht“? Nein, „Gone with the wind!“.

Sandstrände

Dazu fällt den meisten ganz sicher etwas ein, eine Erinnerung, ein schönes Bild, ein Sehnsuchtsmotiv. Die meisten Menschen sehen irgendwann einmal das Meer, seine Küsten, ob schroff oder flach, und eben sehr häufig die sandigen Gestade des Ozeans. Und selbst die, die tief im Landesinneren oder weit weg vom Süden in unwirtlichen Regionen wohnen, haben oft ein Bild von einem exotischen, weißen palmenumsäumten Sandstrand irgendwo aufgehängt oder gar als Tapete eine ganze Wand damit geschmückt.

Wir in Deutschland haben die friesischen Eilande mit ihren Sandstränden und breiten Dünengürteln als sehr beliebte Ferienziele vor unserer Küste. Erinnerungen an Badeurlaube und Strandleben, an lange Strandspaziergänge, an Sturm, anbrandende Wellen, an Ebbe und Flut, an so vieles, was zu einem Nordsee- oder auch Ostseeurlaub dazugehört, werden wach. Der Wohlstand hat uns aber längst auch an andere exotische Küsten und Traumstrände weltweit geführt. Torremolinos, Djerba, Koh Samui, Cancun, Miami Beach waren oder sind nicht nur mehr Traumziele, es sind verbuchte Strandschönheiten.

Wer reisen mag, mag wohl auch Strände. Strände sind Ziele und Ankunftsorte, Guidelines, sichtbare Grenzen und Übergangszonen. Sandstrände begrenzen Meere aus Wasser und Meere aus Sand, so in Afrika, wo Wüste bis ans Meer reicht. Und Strände sind Empfindungen, Emotionen, Darbietungen des eigenen Körpers und seiner Bedürfnisse an die Elemente des wohligen, weichen Sandes, der lauen Luft und des ebenso angenehm temperierten wie erfrischenden Wassers.

Ich selbst bin nun kein Strandtyp, der alle seine kostbaren Tage urlaubend an einem wie auch immer gepriesenen

Strandabschnitt faul verbringen könnte. Strände haben für mich ihren Reiz im Ankommen, dem sinnlichen Spüren des Meeres, dem ersten Berühren ebenso wie dem sich spontanen Hineinbegeben, dem Eintauchen in das Wasser. Aber dann geht es weiter … .

So habe auch ich meine diversen Begegnungen mit Sandstränden gehabt und sie wohl in mir abgespeichert. Zwei Begegnungen sind es, die ich ohne Zweifel für mich als prägend einstufen würde. Die eine war im Rahmen einer Nordlandfahrt der Besuch des äußersten, nördlichsten Punktes Dänemarks beim Fischerstädtchen Skagen. Die gesamte Gegend dort wird durch große Wanderdünen gestaltet, die ständig vom Menschen gebändigt werden müssen, damit nicht alles Land versandet. Vom Städtchen aus wandern die Besucher nach Nordosten, bis zum letzten Zipfel der jütländischen Halbinsel, die Landzunge Grenen. Eben dorthin, wo die beiden breiten, sandigen, konvergierend aufeinander zulaufenden Uferlinien des Kattegats im Osten und des stürmischen Skagerraks im Westen sich spitzzipfelig vereinigen und ihre unterschiedlich gefärbt erscheinenden Wassermassen mitsamt den von ihren Strömungen bewegten Sandmassen und den Winden über einer ganz flachen Gesteinsnase des sich unter Wasser noch weiter fortsetzenden Grenen-Riffs gurgelnd und brausend aufeinandertreffen. Wer auf diesem Felsgrund steht, ist in diesem Augenblick der nördlichste Mensch Dänemarks am eben noch erreichbaren und begehbaren nördlichsten Punkt des Landes! Klar haben wir uns hier gegenseitig fotografiert!

Eine ganz andere Begegnung mit einem Sandstrand, der wohl mehr den Klischees entsprach, machten meine Frau und ich auf einer klassischen Rundfahrt durch die Pelepones-Halbinsel. Es war schon später Oktober, aber noch warm, die großen Touristenströme waren schon abgezogen. Ganz im Westen, in Messenien, kurz vor dem Städtchen Pylos, bogen wir auf einen kurzen Abstecher zur Voidokilia-Bucht ab. Wir waren fast ganz alleine und gespannt. Nach einigen Kilometern durch spärlich bewachsenes Dünengelände lag die herrliche Bucht vor uns. Ein harmonisches Halbrund in Form eines griechischen Amphitheaters, smaragdgrünes ruhiges Wasser, eingefasst von schneeweißem Sand. Zum Meer hin wird die Bucht durch Felsen abgegrenzt, die nur eine schmale Öffnung zum offenen Meer freilassen. Karg, ohne Palmen und Exotik, aber aufs Wesentliche reduziert, bot sich uns dieser Traumstrand an. Wir hielten nahe am Strand an, das Gepäck war im Auto verstaut. Keiner außer uns war erkennbar in direkter Nähe. Wir waren müde und verschwitzt, nur ein Gedanke trieb uns an: Rein ins Wasser! Wir entledigten uns rasch der Kleidung und liefen den flachen Strand hinunter in das wohlige, aufs angenehmste temperierte, erfrischende aufspritzende Wasser!

Alle anderen Strände des Lebens bilden die Hintergrundmelodie, alle Arten von Stränden, und alle waren irgendwie einmal wichtig …

Wer?

Wer den blauen Planeten je hat gesehen
majestätisch über dem Mond aufgehen,
dem ist er trostreich der Heimatplanet,
der über allen Bedrängnissen steht.

Aber du alte, zerfurchte Erde,
schwer fällt uns oft dein Stirb und Werde,
Oft ist das Leben viel Kampf und Not,
Stets auch ein Kämpfen gegen den Tod.

Gaia, die Mutter von allem, was lebt,
und den Anspruch auf Leben erhebt,
ließest entstehen und lässt gewähren
auch jene Kräfte, die alles verheeren.

Sind wir nur Staub auf der äußeren Hülle?
Sind dir belanglos die Vielfalt und Fülle?
Fühlst du dich rau an beim bloßen Begreifen,
sind wir Belag, der leicht abzustreifen?

Alle die Schicksale, die wir durchstehen,
sind sie als – oberflächlich – zu sehen?
Ist außen mit innen denn gar nicht vernetzt,
spannt deine Haut nicht, wenn sie verletzt?

Waltet in allem das Gesetz der Natur,
stetig und kalt, mit erhabener Spur?
Bist du auch, Erde, aus Staub nur gemacht –
wer hat sich Liebe und Seele erdacht?

Zum Schluss zu dir – alte Ratte

Ach du armes bisschen Ratte,
fast ich hätt‘ dich schon vergessen,
grau und unansehnlich in der Vielzahl.
Menschen haben tolle Pläne,
schwer belastend liegt die Zeit
über uns, wenn wir einst gehen.
Sind das Sieger, die so weichen?
Alle, alle sind Verlierer –
nur die Ratten sind es nicht!

Ist dem wirklich so?

Wirklichkeit und Traum

Angeblich ist es schon fünf nach zwölf,
und mit Ungetümen gilt es zu streiten!
Hybridheizung, Zwischenlösung, Klimapaket -
Ihr bedrängt uns von allen Seiten.

Derweil wächst mein Gras über Grenzen hinaus,
hinweg über Wege und Gassen.
Was einstmals so wild und wunderbar war,
hat dies Land schon längstens verlassen.